科目別 過去問題集

SUPER
J-Book Series

化学基礎
2023高卒認定

スーパー実戦過去問題集

編集 ● J-出版編集部

JN113425

最新過去問題
&詳細解説

6回分

(2020~2022年)

J-出版

もくじ

高卒認定情報ほか

問題／解答・解説

高卒認定試験の概要

1. 高等学校卒業認定試験とは

　高等学校卒業程度認定試験（高卒認定試験）は、高等学校を卒業していないなどのため、大学等の受験資格がない方に対し、高等学校卒業者と同等以上の学力があるかどうかを認定する試験です。合格者には大学・短大・専門学校や看護学校などの受験資格が与えられるだけでなく、高等学校卒業者と同等以上の学力がある者として認定され、就職、転職、資格試験等に広く活用することができます。ただし、試験で合格点を得た者が満18歳に達していないときには、18歳の誕生日の翌日から合格者となります。

2. 受験資格

　受験年度末の3月31日までに満16歳以上になる方。現在、高等学校等に在籍されている方も受験が可能です。ただし、すでに大学入学資格を持っている方は受験できません。

3. 実施日程

　試験は8月と11月の年2回実施されます。8月試験と11月試験の受験案内（願書）配布開始日、出願期間、試験日、結果通知送付日は以下のとおりです（令和4年度の実施日程を基に作成しています。最新の実施日程については文部科学省のホームページを確認してください）。

	第1回（8月試験）	第2回（11月試験）
配 布 開 始 日	4月4日（月）～	7月19日（火）～
出 願 期 間	4月4日（月）～5月9日（月）	7月19日（火）～9月13日（火）
試 験 日	8月4日（木）・5日（金）	11月5日（土）・6日（日）
結果通知送付日	8月30日（火）発送	12月6日（火）発送

4. 試験科目と合格要件

　試験の合格者となるためには、合格要件に沿って8科目もしくは9科目、10科目の試験科目に合格することが必要です（「公民」および「理科」の選択科目によって科目数が異なります）。

教科	試験科目	科目数	合格要件
国語	国語	1	必修
地理歴史	世界史A、世界史B	1	2科目のうちいずれか1科目必修
	日本史A、日本史B	1	4科目のうちいずれか1科目必修
	地理A、地理B		
公民	現代社会	1または2	「現代社会」1科目／「倫理」および「政治・経済」の2科目　いずれか必修
	倫理		
	政治・経済		
数学	数学	1	必修
理科	科学と人間生活	2または3	以下の①、②のいずれかが必修 ①「科学と人間生活」の1科目と「物理基礎」、「化学基礎」、「生物基礎」、「地学基礎」のうち1科目（合計2科目） ②「物理基礎」、「化学基礎」、「生物基礎」、「地学基礎」のうち3科目（合計3科目）
	物理基礎		
	化学基礎		
	生物基礎		
	地学基礎		
外国語	英語	1	必修

5. 試験科目の出題範囲

試験科目	出題範囲（対応する教科書名）	
国語	「国語総合」古文・漢文含む	
世界史A	「世界史A」	平成25年4月以降の高等学校入学者が使用している教科書
世界史B	「世界史B」	
日本史A	「日本史A」	
日本史B	「日本史B」	
地理A	「地理A」	
地理B	「地理B」	
現代社会	「現代社会」	
倫理	「倫理」	
政治・経済	「政治・経済」	
数学	「数学I」	平成24年4月以降の高等学校入学者が使用している教科書
科学と人間生活	「科学と人間生活」	
物理基礎	「物理基礎」	
化学基礎	「化学基礎」	
生物基礎	「生物基礎」	
地学基礎	「地学基礎」	
英語	「コミュニケーション英語I」	平成25年4月以降の高等学校入学者が使用している教科書

出願から合格まで

1. 受験願書の入手

受験案内（願書）は、文部科学省や各都道府県教育委員会、各都道府県の配布場所などで配布されます。ただし、配布期間は年度毎に異なりますので、文部科学省のホームページなどで事前に確認してください。なお、直接取りに行くことができない方はパソコンやスマートフォンで受験案内（願書）を請求することが可能です。

〈パソコンもしくはスマートフォンで請求する場合〉

次のURLにアクセスし、画面の案内に従って申し込んでください。　https://telemail.jp/shingaku/pc/gakkou/kousotsu/

○受験案内（願書）は、配布開始時期のおよそ1か月前から出願締切のおよそ1週間前まで請求できます。

○請求後、受験案内（願書）は発送日から通常3〜5日程度で届きます。ただし、配布開始日以前に請求した場合は予約扱いとなり、配布開始日に発送されます。

○受験案内（願書）に同封されている支払い方法に従って料金を払います。

○不明な点はテレメールカスタマーセンター（TEL：050-8601-0102　受付時間：9:30〜18:00）までお問い合わせください。

2. 出願書類の準備

受験案内（願書）を入手したら、出願に必要な次の書類を用意します（令和4年度の受験案内を基に作成しています。内容が変更になる場合もあるため、最新の受験案内を必ず確認してください）。

①受験願書・履歴書
②受験料（収入印紙）
③写真2枚（縦4cm×横3cm）　※同じ写真を2枚用意
④住民票または戸籍抄本
⑤科目合格通知書　※一部科目合格者のみ
⑥試験科目の免除に必要な書類（単位修得証明書、技能審査の合格証明書）　※試験科目の免除を申請する者のみ
⑦氏名、本籍の変更の経緯がわかる公的書類（戸籍抄本等）　※必要な者のみ
⑧個人情報の提供にかかる同意書　※該当者のみ
⑨特別措置申請書および医師の診断・意見書　※必要な者のみ
⑩出願用の封筒

① 受験願書・履歴書

　受験願書・履歴書の用紙は受験案内に添付されています。

② 受験料（収入印紙）

　受験科目が 7 科目以上の場合は 8,500 円、4 科目以上 6 科目以下の場合は 6,500 円、3 科目以下の場合は 4,500 円です。受験料分の日本政府発行の収入印紙（都道府県発行の収入証紙等は不可）を郵便局等で購入し、受験願書の所定欄に貼り付けてください。

③ 写真 2 枚（縦 4 cm×横 3 cm）

　出願前 6 か月以内に撮影した、無帽・背景無地・正面上半身の写真を 2 枚（同一のもの）用意し、裏面に受験地と氏名を記入して受験願書の所定欄に張り付けてください。写真は白黒・カラーいずれも可です。

④ 住民票または戸籍抄本（原本）

　出願前 6 か月以内に交付され、かつ「本籍地（外国籍の方は国籍等）」が記載されたものを用意してください。マイナンバーの記載は不要です。海外在住の外国籍の方で提出が困難な場合は、必ず事前に文部科学省総合教育政策局生涯学習推進課認定試験第二係まで問い合わせてください。　TEL：03-5253-4111（代表）（内線 2590・2591）

⑤ 科目合格通知書（原本）

　過去に高等学校卒業程度認定試験または大学入学資格検定において、一部科目に合格している方は提出してください。なお、紛失した場合は受験案内にある「科目合格通知書再交付願」で出願前に再交付を受けてください。結婚等により、科目合格通知書に記載された氏名または本籍に変更がある場合は、「⑦氏名、本籍の変更の経緯がわかる公的書類（戸籍抄本等）」をあわせて提出してください。

⑥ 試験科目の免除に必要な書類（単位修得証明書、技能審査の合格証明書）（原本）

　試験科目の免除を申請する方は受験案内を確認し、必要書類を提出してください。なお、単位修得証明書が発行元で厳封されていない場合は受理されません。結婚等により、試験科目の免除に必要な書類の氏名に変更がある場合は、「⑦氏名、本籍の変更の経緯がわかる公的書類（戸籍抄本等）」をあわせて提出してください。

⑦ 氏名、本籍の変更の経緯がわかる公的書類（戸籍抄本等）（原本）

　結婚等により、「⑤科目合格通知書」や「⑥試験科目の免除に必要な書類」に記載された氏名または本籍が変更となっている場合に提出してください。

⑧ 個人情報の提供にかかる同意書

　外国籍の方で、過去に高等学校卒業程度認定試験または大学入学資格検定で合格した科目があり、「⑤科目合格通知書」の氏名（本名）または国籍に変更がある場合は、提出してください。

⑨ 特別措置申請書および医師の診断・意見書

　身体上の障がい等により、受験の際に特別措置を希望する方は、受験案内を確認し、必要書類を提出してください。

⑩ 出願用の封筒

　出願用の封筒は受験案内に添付されています。封筒の裏面に氏名、住所、受験地を明記し、「出願書類確認欄」を用いて必要書類が揃っているかを再度チェックし、不備がなければ郵便局の窓口で「簡易書留扱い」にして文部科学省宛に送付してください。

3．受験票

　受験票等（受験科目決定通知書、試験会場案内図および注意事項を含む）は文部科学省から受験願書に記入された住所に届きます。受験案内に記載されている期日を過ぎても到着しない場合や記載内容に誤りがある場合は、文部科学省総合教育政策局生涯学習推進課認定試験第二係に連絡してください。　TEL：03-5253-4111（代表）①試験実施に関すること（内線 2024・2643）②証明書に関すること（内線 2590・2591）

4．合格発表・結果通知

　試験の結果に応じて、文部科学省から次のいずれかの書類が届きます。全科目合格者には「**合格証書**」、一部科目合格者には「**科目合格通知書**」、その他の者には「**受験結果通知**」が届きます。「**合格証書**」が届いた方は、大学入学資格（高等学校卒業程度認定資格）が与えられます。ただし、試験で合格点を得た方が満 18 歳に達していないときには、18 歳の誕生日の翌日から合格者となります。そのため、大学入学共通テスト、大学の入学試験等については、原則として満 18 歳になる年度から受験が可能となります。大学入学共通テストについては、独立行政法人大学入試センター　事業第一課（TEL：03-3465-8600）にお問い合わせください。「**科目合格通知書**」が届いた方は、高等学校卒業程度認定試験において 1 科目以上の科目を合格した証明になりますので、次回の受験まで大切に保管するようにしてください。なお、一部科目合格者の方は「**科目履修制度**」を利用して、合格に必要な残りの科目について単位を修得することによって、高等学校卒業程度認定試験合格者となることができます（「**科目履修制度**」については次のページもあわせて参照してください）。

科目履修制度 （未合格科目を免除科目とする）

1. 科目履修制度とは

　科目履修制度とは、通信制などの高等学校の科目履修生として未合格科目（合格に必要な残りの科目）を履修し、レポートの提出とスクーリングの出席、単位認定試験の受験をすることで履修科目の単位を修得する制度となります。この制度を利用して単位を修得した科目は、免除科目として文部科学省に申請することができます。高等学校卒業程度認定試験（高卒認定試験）の合格科目と科目履修による単位修得を合わせることにより、高等学校卒業程度認定試験の合格者となることができるのです。

2. 科目履修の学習内容

　レポートの提出と指定会場にて指定回数のスクーリングに出席し、単位認定試験で一定以上の点数をとる必要があります。

3. 科目履修制度の利用

❶ すでに高卒認定試験で合格した一部科目と科目履修を合わせることにより高卒認定試験合格者となる。

| 高卒認定試験 既合格科目 | ＋ | 科目履修 （残り科目を履修） | ＝ | 合わせて 8科目以上 | 高卒認定試験 合格 |

※最低1科目の既合格科目または合格見込科目が必要

　　①苦手科目がどうしても合格できない方　　②合格見込成績証明書を入手し、受験手続をしたい方
　　③残り科目を確実な方法で合格したい方　　④大学・短大・専門学校への進路が決まっている方

❷ 苦手科目等を先に科目履修で免除科目にして、残りの得意科目は高卒認定試験で合格することで高卒認定試験合格者となる。

| 科目履修 （苦手科目等を履修） | ＋ | 高卒認定試験 科目受験 | ＝ | 合わせて 8科目以上 | 高卒認定試験 合格 |

※最低1科目の既合格科目または合格見込科目が必要

　　①得意科目だけで高卒認定試験の受験に臨みたい方　　②できるだけ受験科目数を減らしたい方
　　③どうしても試験で合格する自信のない科目がある方　　④確実な方法で高卒認定試験の合格を目指したい方

4. 免除を受けることができる試験科目と免除に必要な修得単位数

免除が受けられる試験科目	高等学校の科目	免除に必要な修得単位数
国語	「国語総合」	4
世界史A	「世界史A」	2
世界史B	「世界史B」	4
日本史A	「日本史A」	2
日本史B	「日本史B」	4
地理A	「地理A」	2
地理B	「地理B」	4
現代社会	「現代社会」	2
倫理	「倫理」	2
政治・経済	「政治・経済」	2
数学	「数学Ⅰ」	3
科学と人間生活	「科学と人間生活」	2
物理基礎	「物理基礎」	2
化学基礎	「化学基礎」	2
生物基礎	「生物基礎」	2
地学基礎	「地学基礎」	2
英語	「コミュニケーション英語Ⅰ」	3

　（注）上記に記載されている免除に必要な修得単位数はあくまで標準的な修得単位数であり、学校によっては科目毎の設定単位数が異なる場合があります。

■ 科目履修制度についてより詳しく知りたい方は、J-出版編集部にお問い合わせください。
　TEL：03-5800-0552
　Mail：info@j-publish.net
　http://www.j-publish.net/risyu/

1. 出題傾向

　過去3年間の8月試験および11月試験の出題傾向は以下のとおりです。化学基礎の場合、同じ年度においては8月試験と11月試験で同じような範囲からの出題が多く見られます。各単元において重要項目は概ね決まっていますが、物質の種類や問われ方、実験などはさまざまなパターンがあるので、過去の出題をよく見てどのような問題が出題されているかを確認のうえ、学習を進めてください。

出題内容	令和2年度第1回	令和2年度第2回	令和3年度第1回	令和3年度第2回	令和4年度第1回	令和4年度第2回	配点
大問1　化学と人間生活							
人間生活の中の化学	●	●	●	●	●	●	
混合物の分離				●	●		
物質の構成元素	●	●	●	●			
物質の三態							20点
混合物・純物質・化合物・単体	●			●	●		
元素の検出		●	●			●	
同素体		●	●	●	●	●	
熱運動						●	
大問2　物質の構成粒子							
原子の構造	●						
同位体	●						20点
元素の周期律と元素の性質	●	●	●				
大問3　物質と化学結合							
構造式・電子式・分子式	●	●			●		
イオンとイオン結合	●	●	●	●		●	
金属と金属結合	●	●	●	●		●	20点
分子と共有結合	●	●	●				
極性・電気陰性度	●			●			
大問4　物質量と化学反応式							
原子量・分子量・式量				●	●	●	
物質量	●	●	●	●	●	●	
質量パーセント濃度			●	●			20点
化学反応式	●	●	●	●			
化学反応の量的関係	●			●		●	
大問5　化学反応							
酸と塩基	●			●	●		
中和反応と塩の生成	●			●	●		
中和滴定		●	●			●	20点
酸化と還元	●	●	●				
金属の酸化還元反応	●	●		●	●		
さまざまな酸化還元反応				●	●	●	

2. 出題内容と対策

1

　大問1は物質の成分と構成元素に関する出題です。プラスチックや金属など身近な素材についての知識から物質に関する基本事項が出題されます。物質の三態や混合物の分離、炎色反応、同素体などが挙げられます。これらを含めて基本事項を整理したうえで学習すると効果的です。

2

　大問2は原子の構成に関する出題になりますが、主に原子の構造や周期表を含めた元素の性質に関する内容が問われます。主な元素については周期表でしっかり確認しておく必要があります。また、原子番号、質量数、価電子の数など重要項目については十分に理解しておいてください。繰り返し問題演習をこなしていけば、自ずと頭に入ってくる内容なので、しっかり練習しましょう。

3

　大問3は大問2と同様に物質の構成から出題されますが、その内容は主に化学結合に関するものです。イオン結合、金属結合、共有結合、分子結合についてほぼすべての内容が出題されます。それぞれの融点や伝導性、外力に対する性質などを押さえておきましょう。構造式や電子式、そして分子の形などの知識も合わせて覚えるようにしてください。化学結合も物質に合わせてさまざまな種類があるので、繰り返し復習を重ねてすこしずつ暗記するようにしましょう。

4

　大問4は物質の変化から出題されます。そのなかでもとくに物質量に関する内容が中心になります。原子量、分子量、式量のほか、溶液の濃度についても出題範囲になります。ここでは物質量に関する計算問題も出題されるので、それぞれの定義を覚えてしっかり問題演習をこなして対策する必要があります。化学反応式も含め範囲が広い単元ですから、すこしずつ学習を進めてください。

5

　大問5は大問4と同様に物質の変化についての出題になります。しかし、その内容は化学反応に関するさまざまな知識を問うものになります。重要項目は酸と塩基に関する内容です。この部分をしっかり押さえたうえで、中和、酸化還元の内容を学習するようにしてください。金属のイオン化傾向や電池もしっかり理解しましょう。とにかくさまざまな化学反応式が出てくるので、混乱することもありますが、重要な化学反応については正確に反応式を覚える必要があります。さらに係数や酸化数なども問われるので考え方をきちんと理解して、問題演習を行うようにしましょう。

令和４年度 第２回
高卒認定試験

化学基礎

解答時間　50分

化 学 基 礎

(解答番号 $\boxed{1}$ ～ $\boxed{20}$)

$\boxed{1}$ 化学と人間生活について，問1～問4に答えよ。

問1 ある温泉の成分を調べるために次の実験を行った。

A 温泉水に，硝酸銀 $AgNO_3$ 水溶液を加えると溶液が白く濁った。

B 温泉水を白金線の先に少量つけ，ガスバーナーの炎の中に入れると炎は黄色くなった。

A，Bの結果からわかる，温泉水に含まれる元素の組合せとして適当なものはどれか。次の①～⑤のうちから一つ選べ。解答番号は $\boxed{1}$ 。

① ClとH   ② ClとNa   ③ ClとMg   ④ HとNa   ⑤ HとMg

問2 20℃と80℃の同量の水をそれぞれビーカーに入れ，水溶性のインクを同時に数滴ずつ静かに加えてビーカーの中の様子を観察した。この実験に関する記述として正しいものはどれか。次の①～⑤のうちから一つ選べ。解答番号は $\boxed{2}$ 。

① 20℃と80℃の水では，80℃の方が速くインクと水が混ざり合う。

② 20℃と80℃の水では，20℃の方が速くインクと水が混ざり合う。

③ 20℃と80℃の水では，どちらも同じ速さでインクと水が混ざり合う。

④ 20℃の水では，どれだけ時間が経過しても，インクと水が混ざり合うことはない。

⑤ 80℃の水では，どれだけ時間が経過しても，インクと水が混ざり合うことはない。

問３　次の４つの元素の単体のうち，同素体が存在する元素は何種類あるか。下の①〜⑤のうちから一つ選べ。解答番号は　3　。

炭素 C　　　酸素 O　　　リン P　　　硫黄 S

①　１種類　　　②　２種類　　　③　３種類　　　④　４種類　　　⑤　なし

問４　プラスチックゴミ問題とリサイクルについて述べた次の文の（　Ａ　），（　Ｂ　）に当てはまる語句の組合せとして正しいものはどれか。下の①〜⑤のうちから一つ選べ。解答番号は　4　。

　　プラスチックの（　Ａ　）という性質は，廃棄する場合には欠点にもなる。適切に処理されなかったプラスチックの一部は海に流出し，海の生物への被害や景観破壊，船舶への被害などの海洋プラスチックゴミ問題を引き起こしている。

　　また，ゴミとして回収されたプラスチックも，一般的なリサイクル（マテリアルリサイクルやケミカルリサイクル）に利用されるのは，全体の約２〜３割に過ぎない。燃料として利用（サーマルリサイクル）したり，焼却処分するものが約７割を占めているが，プラスチックを燃やすことで，（　Ｂ　）が発生することから地球温暖化への影響が懸念されている。

　　以上のことから，近年では SDGs（持続可能な開発目標）の観点からもプラスチックゴミの減量のための取り組みが行われている。

		A	B
①		熱を伝えやすい	メタン
②		水や薬品に強い	二酸化炭素
③		熱を伝えやすい	二酸化炭素
④		水や薬品に強い	メタン
⑤		熱を伝えやすい	酸素

2 物質の構成粒子について，問１～問４に答えよ。

問 1 炭素の同位体 $^{14}_{6}C$ について述べた次の文の（　Ａ　）～（　Ｄ　）に当てはまる数値の組合せ
として正しいものはどれか。下の①～⑤のうちから一つ選べ。解答番号は 5 。

$^{14}_{6}C$ の原子１個は，（　Ａ　）個の陽子，（　Ｂ　）個の中性子，および（　Ｃ　）個の電子で
構成されている。この電子のうち（　Ｄ　）個はＬ殻に入っている。

	A	B	C	D
①	8	6	6	4
②	8	6	14	8
③	6	8	6	2
④	6	8	6	4
⑤	6	14	14	8

問 2 次の図は原子のイオン化エネルギーの値と原子番号の関係を表したグラフである。元素群
(a, b, c) と (x, y, z) の名称の組合せとして正しいものはどれか。下の①～⑤のうちから
一つ選べ。解答番号は 6 。

	元素群(a, b, c)の名称	元素群(x, y, z)の名称
①	アルカリ金属	貴ガス(希ガス)
②	アルカリ金属	ハロゲン
③	ハロゲン	アルカリ金属
④	貴ガス(希ガス)	ハロゲン
⑤	貴ガス(希ガス)	アルカリ金属

問3 次の図はK殻，L殻，M殻にそれぞれ2，8，7個の電子が配置されている原子を表したものである。この原子について述べた文として正しいものはどれか。下の①～⑤のうちから一つ選べ。解答番号は ☐7☐ 。

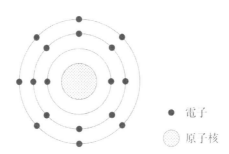

●　電子

◌　原子核

① 貴ガス（希ガス）元素である。

② 価電子の数は17個である。

③ 原子番号は17である。

④ Naと同族元素である。

⑤ 原子核には陽子が7個ある。

問4 次の図は周期表を第6周期まで模式的に表したものである。図のi～viの領域に関する記述として正しいものはどれか。下の①～⑤のうちから一つ選べ。解答番号は ☐8☐ 。

	1	2	3	4	5	6	7	8	9	10	11	12	13	14	15	16	17	18
1																		
2	i																	vi
3		ii						iii						iv			v	
4																		
5																		
6																		

① iに属する元素は，すべて非金属元素である。

② ii，iiiに属する元素は，すべて金属元素である。

③ ivに属する元素は，上下よりも左右に隣り合う元素どうしの性質がよく似ている。

④ vに属する原子は，1価の陽イオンになりやすい。

⑤ viに属する原子は，すべて最外殻に電子が8個存在している。

3 物質と化学結合について，問1～問4に答えよ。

問1 次のア～ウの水分子を表した式の名称の組合せとして正しいものはどれか。下の①～⑤の
うちから一つ選べ。解答番号は　9　。

ア　H-O-H　　　　イ　H_2O　　　　ウ　H:Ö:H

	ア	イ	ウ
①	分子式	電子式	構造式
②	分子式	構造式	電子式
③	電子式	分子式	構造式
④	構造式	電子式	分子式
⑤	構造式	分子式	電子式

問2 窒素について述べた次の文の（　ア　）～（　ウ　）に当てはまる語句の組合せとして正しい
ものはどれか。下の①～⑤のうちから一つ選べ。解答番号は　10　。

窒素原子は最も外側の電子殻であるL殻に5個の価電子をもつが，そのうち2個は1組の
電子対をつくっている。残りの3個の価電子は対になっていないので（　ア　）とよばれる。
この3個の（　ア　）を2つの窒素原子が互いに出し合って窒素原子間に3組の（　イ　）をつ
くる。窒素原子間で共有されるこの3組の結合のことを（　ウ　）という。

	ア	イ	ウ
①	不対電子	非共有電子対	三重結合
②	共有電子対	非共有電子対	単結合
③	不対電子	共有電子対	三重結合
④	非共有電子対	共有電子対	三重結合
⑤	共有電子対	不対電子	単結合

令和4年度第2回試験

問3　次の図に示す炭素の結晶ア，イに関する記述として正しいものはどれか。下の①〜⑤のうちから一つ選べ。解答番号は　11　。

ア

イ

図イの - - - - は炭素原子の
位置関係を表す。

①　結晶アはきわめて硬いため，ドリルの先端などに用いられている。

②　どちらの結晶もよく電気を導く。

③　結晶アは共有結合の結晶，結晶イはイオン結晶である。

④　結晶イはきわめて柔らかく展性を示す無色の結晶である。

⑤　どちらの結晶も熱に強く，酸素を通じて高温で加熱しても燃焼しない。

問4　スクロース（氷砂糖），石英，スズ，硫酸銅（Ⅱ）の4種類の結晶に次のア，イの操作を行ったところ，表の結果が得られた。4種類の結晶のうち，金属結晶であるものはどれか。下の①〜⑤のうちから一つ選べ。解答番号は　12　。

ア　それぞれの結晶に電気が流れるかどうか確認した。

イ　4本の別々の試験管に水を入れ，それぞれの結晶を入れて溶けるかどうか観察した。

	ア	イ
スクロース	流れなかった	溶けた
石英	流れなかった	溶けなかった
スズ	流れた	溶けなかった
硫酸銅（Ⅱ）	流れなかった	溶けた

①　なし　　　　　　　②　スクロース　　　　　　③　石英

④　スズ　　　　　　　⑤　硫酸銅（Ⅱ）

4　物質量と化学反応式について，問1〜問4に答えよ。

問1　次の文は，原子量についての花子先生と太郎さんの会話である。文中の（　A　）〜（　C　）に当てはまる数値や語句の組合せとして正しいものはどれか。下の①〜⑤のうちから一つ選べ。解答番号は　13　。

花子先生：「原子1個の質量はとても小さく，そのままの値では扱いにくいことがあります。そこで原子の質量を表すのに，基準として決めた原子の質量と比較して求めた相対値を用います。現在，原子の相対質量の基準は質量数12の炭素 $^{12}C = 12$ としています。」

太郎さん：「いま，『現在』とおっしゃいましたが，基準が違ったこともあるんですか。」

花子先生：「はい，過去には水素 H = 1，酸素 O = 100 や O = 16 を基準としていたこともありました。」

太郎さん：「O = 100 を基準にすると値がずいぶん大きくなりますね。たとえば，硫黄 S 原子の質量が酸素の2倍であったとしたら，硫黄の相対質量は（　A　）となります。同様に，O = 16 を基準にした場合は，硫黄の相対質量は（　B　）となり，今の硫黄の原子量と近い値ですね。では，なぜ基準をさらに ^{12}C 原子に変更したのですか。」

花子先生：「^{16}O，^{17}O，^{18}O の発見で混乱が生じたことが原因の一つだったようです。」

太郎さん：「（　C　）ですね。基準をはっきり明記することの重要性がわかったような気がします。今日の学習で化学の歴史への興味も増しました。」

	A	B	C
①	200	32	同位体
②	200	8	同位体
③	200	32	同素体
④	50	8	同位体
⑤	50	8	同素体

問2　次の文の（　A　），（　B　）に当てはまる単位の組合せとして正しいものはどれか。下の
①～⑤のうちから一つ選べ。解答番号は　14　。

　　　6.0×10^{23} 個の粒子の集まりを1つのまとまりとして表した物質の量を物質量といい，そ
の単位は（　A　）である。物質を構成する粒子1（　A　）当たりの質量をモル質量といい，
単位は（　B　）である。

	A	B
①	g	mol/g
②	g	g/mol
③	mol	mol/g
④	mol	g/mol
⑤	mol	g

問 3　次の文は，気体の体積についての花子先生と太郎さんの会話である。文中の（　A　）～
（　C　）に当てはまる数値として最も適当な組合せはどれか。下の①～⑤のうちから一つ選
べ。ただし，原子量は C = 12，O = 16 とする。解答番号は　15　。

花子先生：「この白い固体はドライアイスで 22 g あります。これは CO_2 何 mol ですか。」

太郎さん：「CO_2 は分子量が（　A　）ですから，ドライアイス 22 g は CO_2（　B　）mol とな
　　　　　ります。」

花子先生：「標準状態（ 0 ℃，1.01×10^5 Pa）で気体分子 1 mol の体積は，気体の種類によら
　　　　　ず約 22.4 L でしたね。では，このドライアイスが標準状態で，すべて昇華して
　　　　　気体になった時の体積を考えてください。」

太郎さん：「ドライアイス 22 g は CO_2（　B　）mol ですから，気体の二酸化炭素の体積は標
　　　　　準状態で約（　C　）L となります。」

	A	B	C
①	44	0.50	11.2
②	44	1.0	22.4
③	28	0.80	17.9
④	44	2.0	44.8
⑤	28	1.6	35.8

問4　マグネシウム Mg と希塩酸 HCl を反応させると水素 H_2 が発生する。その反応は次の化学反応式で表される。

$$Mg + 2\,HCl \longrightarrow MgCl_2 + H_2$$

4つのフラスコに同じ物質量の HCl を含む希塩酸を入れ、マグネシウム 1.2 g, 2.4 g, 3.6 g, 4.8 g をそれぞれのフラスコに加え十分に反応させた。次の表はそれぞれの反応で発生した水素の物質量を表したものである。この実験結果をもとに作成したグラフとして最も適当なものはどれか。下の①〜⑤のうちから一つ選べ。ただし、原子量は Mg = 24 とする。解答番号は　16　。

加えたマグネシウムの質量[g]	1.2	2.4	3.6	4.8
発生した水素の物質量[mol]	0.050	0.10	0.12	0.12

①

②

③

④

⑤

5 化学反応について，問1～問4に答えよ。

問1 酸や塩基について述べた文として正しいものはどれか。次の①～⑤のうちから一つ選べ。解答番号は 17 。

① アレニウスの定義では，水に溶けて電離し，水素イオンを生じる物質を塩基という。

② ブレンステッド・ローリーの定義では，水素イオンを他から受け取る物質を塩基という。

③ 酸は赤色リトマス紙を青変させる。

④ アンモニア NH_3 は弱酸である。

⑤ 酸と塩基が過不足なく中和すると，必ず中性になる。

問2 0.20 mol/L 酢酸 CH_3COOH 水溶液 10 mL に 0.10 mol/L 水酸化ナトリウム NaOH 水溶液を滴下すると，次のような滴定曲線になった。この滴定曲線について述べた文として正しいものはどれか。下の①～⑤のうちから一つ選べ。解答番号は 18 。

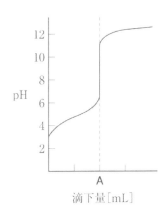

滴下量[mL]

① 中和点の pH は7で，Aの値は 10 mL である。

② 中和点の pH は7で，Aの値は 20 mL である。

③ 中和点の pH は7より大きく，Aの値は 5 mL である。

④ 中和点の pH は7より大きく，Aの値は 10 mL である。

⑤ 中和点の pH は7より大きく，Aの値は 20 mL である。

問3 酸化銅(Ⅱ)CuO に水素 H₂ を通じて加熱すると，銅 Cu と水 H₂O を生じる。この反応は次のような化学反応式で表される。この反応について述べた文として正しいものはどれか。下の①～⑤のうちから一つ選べ。解答番号は　19　。

$$CuO + H_2 \longrightarrow Cu + H_2O$$

① 水素原子は還元された。

② 酸素原子は酸化された。

③ 銅原子の酸化数は減少した。

④ 酸化銅(Ⅱ)は酸化された。

⑤ 電子は銅から水素へ移動した。

問4 酸化還元反応では，酸化剤が受け取る電子の物質量と還元剤が失う電子の物質量が等しいとき，酸化剤と還元剤が過不足なく反応する。たとえば，硫酸で酸性にした水溶液中で過マンガン酸カリウムを酸化剤，過酸化水素を還元剤として用いるとき，酸化剤，還元剤それぞれの働きを示す電子 e⁻ を用いたイオン反応式は次のように表される。

$$(\text{酸化剤}) \quad MnO_4^- + 8H^+ + 5e^- \longrightarrow Mn^{2+} + 4H_2O$$
$$(\text{還元剤}) \quad H_2O_2 \longrightarrow O_2 + 2H^+ + 2e^-$$

これらの反応式から，2.0 mol の過マンガン酸イオン MnO₄⁻ と過不足なく反応する過酸化水素 H₂O₂ の物質量として正しいものはどれか。次の①～⑤のうちから一つ選べ。解答番号は　20　。

① 2.0 mol

② 2.5 mol

③ 3.0 mol

④ 4.0 mol

⑤ 5.0 mol

令和４年度　第２回

解答・解説

令和4年度　第2回　高卒認定試験

【 解 答 】

1	解答番号	正答	配点	2	解答番号	正答	配点	3	解答番号	正答	配点	4	解答番号	正答	配点	5	解答番号	正答	配点
問1	1	②	5	問1	5	④	5	問1	9	⑤	5	問1	13	①	5	問1	17	②	5
問2	2	①	5	問2	6	⑤	5	問2	10	③	5	問2	14	④	5	問2	18	⑤	5
問3	3	④	5	問3	7	③	5	問3	11	①	5	問3	15	①	5	問3	19	①	5
問4	4	②	5	問4	8	②	5	問4	12	④	5	問4	16	③	5	問4	20	⑤	5

【 解 説 】

1

問1　塩素に硝酸銀を加えると、銀は水素よりイオン化傾向が大きいため、塩素は銀と反応して塩化銀となって沈殿します。実験Aの溶液が白く濁ったというのは、白い塩化銀が析出したためです。よって、実験Aより温泉水には塩素が含まれることがわかります。実験Bについて、白金（Pt）線の先に温泉水をつけ、ガスバーナーの炎の中に入れると炎が黄色くなったことから、ナトリウム元素の炎色反応が見られたことがわかります。よって、温泉水に含まれる元素は塩素 Cl とナトリウム Na だとわかります。したがって、正解は②となります。

解答番号【1】：②　　⇒ **重要度B**

問2　インクと水が混ざり合う現象は、インクを構成する粒子がそれぞれの熱運動により動くことで四方に広がって水分子と混ざり合っていくものです。水の温度が高いと、粒子が熱エネルギーをより得ることができるため熱運動は激しくなり、より速く水分子と混ざり合うことができます。よって、20℃より80℃の水のほうがより速くインクと水が混ざり合うことができるため、②と③は誤りです。また、水は極性分子であり、インクは陽イオンと陰イオンに電離する電解質であることが多いため、水分子の極性により静電気力でインクの陽イオンと陰イオンは水分子にそれぞれ引き付けられて混ざり合います。これは温度によって変化するものではありません。よって、④や⑤にあるように、どれだけ時間が経過してもインクと水が混ざり合うことはないという記述は誤りです。したがって、正解は①となります。

解答番号【2】：①　　⇒ **重要度B**

問3　同素体とは、同じ元素からなるが、性質の異なる単体のことをいいます。炭素Cの同素体には、ダイヤモンド・黒鉛・フラーレン・カーボンナノチューブがあります。酸素 O_2 の同素体には、オゾン O_3 があります。リンPの同素体には、猛毒で自然発火する黄リンと、無毒で自然発火しない赤リンがあります。硫黄Sの同素体には、針状の結晶で

ある単斜硫黄、弾力性のあるゴム状硫黄、安定した結晶である斜方硫黄などがあります。よって、これら4つの元素すべてに同素体が存在します。したがって、正解は④となります。

解答番号【3】：④ ⇒ 重要度A

問4 プラスチックの性質の中で、水や薬品に強いという性質は、自然界で分解されにくいという性質でもあります。また、金属が熱を伝えやすいのは自由電子が熱を伝えるためです。プラスチックには一般的に自由電子がないために熱が伝わりにくいです。プラスチックは人工的につくられた合成高分子化合物である有機物です。有機物なので炭素原子を骨格とした化合物です。そのため、プラスチックを燃やすと、炭素が酸化した二酸化炭素が発生します。したがって、正解は②となります。

解答番号【4】：② ⇒ 重要度A

2

問1 $^{14}_{6}$Cにおいて、元素記号の左下に示される6は原子番号であり、陽子の数を表しています。よって、陽子の数は6個です。元素記号の左上の14は質量数であり、陽子の数と中性子の数の和を表しています。中性子の数＝質量数−原子番号ですので、14−6＝8となり、中性子の数は8個となります。電子の数は陽子の数に等しいため6個です。6個の電子は、K殻に2個、L殻に4個おさまっています。したがって、正解は④となります。

解答番号【5】：④ ⇒ 重要度A

問2 イオン化エネルギーとは、原子から電子1個を取り去って1価の陽イオンにするために必要な最小のエネルギーのことをいいます。グラフから、元素群（a, b, c）はイオン化エネルギーが極大であることがわかります。つまり、これらは陽イオンになりにくい安定した元素である貴ガス（希ガス）です。また、元素群（x, y, z）はイオン化エネルギーが極小のため陽イオンになりやすい元素であることがわかります。これらは、最外殻の価電子が1個ですので、電子を1個放出して1価の陽イオンになりやすいアルカリ金属です。イオン化されやすいアルカリ金属は、反応性に富み、水や空気中の酸素とも容易に反応します。したがって、正解は⑤となります。

解答番号【6】：⑤ ⇒ 重要度B

問3 ①について、貴ガス（希ガス）の最外殻電子数は、ヘリウムHeが2、それ以外は8です。図の原子の最外殻電子は7ですので、貴ガスではありません。②について、価電子とは最外殻電子のことです。図の原子の最外殻電子は7です。③について、原子番号は電子の数を表していますから、原子番号は17です。④について、ナトリウムNaは、最外殻電子が1の1族の元素です。図の元素は最外殻電子が7個ありますから、17族のハロゲンであることがわかります。つまり、1族のNaと同族元素ではありません。⑤について、電子の数と陽子の数は等しいので、この原子核には陽子が17個あります。したがって、正解は③となります。なお、図の元素は塩素Clです。

解答番号【7】：③ ⇒ 重要度A

問4 iに属する元素の中で水素だけは非金属元素です。それ以外は金属元素です。iiとiiiに属する元素はすべて金属元素です。同じ族（縦の列）に属する元素を同族元素といいます。

価電子の数が同じため化学的性質が似ていることが多いです。ⅳに属する元素も同様に、上下の元素どうしの性質がよく似ています。ⅴに属する原子をハロゲンといいます。価電子を７個もち、電子を１個取り込んで１価の陰イオンになりやすい性質があります。ⅵに属する元素は貴ガスと呼ばれ、最外殻に最大数の電子が収容されています。最外殻電子数は、ヘリウム He は２個、その他は８個です。したがって、正解は②となります。

解答番号【8】：②　　⇒ **重要度A**

3

問１　分子内の原子の結合を価標と呼ばれる線を用いて表したものを構造式といいます。構造式では、１組の共有電子対を１本の価標で表します。単結合は価標が１本、二重結合は価標が２本、三重結合は価標が３本で表します。よって、「ア」は構造式です。元素記号の右下にその数を添えて表したものが分子式です。よって、「イ」は分子式です。原子の最外殻電子の様子を元素記号の上下左右に最外殻電子を黒丸（・）で表したものを電子式といいます。よって、「ウ」は電子式です。したがって、正解は⑤となります。

解答番号【9】：⑤　　⇒ **重要度A**

問２　窒素原子を電子式で表すと $:\overset{\displaystyle\cdot}{\underset{\displaystyle\cdot}{N}}\cdot$ となります。黒丸（・）は、最外殻電子を表しています。N の左側の対になっている電子を電子対、対になっていない上下右側の価電子を不対電子といいます。この３個の不対電子を２つの窒素原子が互いに出し合い共有結合を構成して、３組の共有電子対をつくります。電子式では $:\overset{\displaystyle\cdot}{\underset{\displaystyle\cdot}{N}}\cdot + \cdot\overset{\displaystyle\cdot}{\underset{\displaystyle\cdot}{N}}: \rightarrow :N:::N:$ と表せます。この３組の共有電子対が共有されて生じる共有結合を三重結合といいます。したがって、正解は③となります。

解答番号【10】：③　　⇒ **重要度A**

問３　炭素の結晶「ア」は、ダイヤモンドの結晶です。ダイヤモンドは４個の価電子のすべてを使って共有結合により正四面体形の立体構造をつくっているため非常に硬いです。また、余っている価電子がないため電気を通しません。色は無色透明です。炭素の結晶「イ」は、黒鉛の結晶です。４個の価電子のうち３個を使って共有結合を形成し、正六角形が連なった平面構造をつくっています。余った１個の価電子が平面構造内を移動することができ、これにより電気を通すことができます。平面構造どうしは、分子間力で弱く結合して層状に連なっているため、薄くはがれやすい特徴が黒鉛にはあります。色は黒色です。炭素の結晶「ア」・「イ」ともに、強い結合のため融点は高く熱に強い特性があります。炭素は、高温で加熱すると酸化し（燃焼し）二酸化炭素になります。したがって、正解は①となります。

解答番号【11】：①　　⇒ **重要度A**

問４　金属結晶とは金属結合からできた結晶のことです。金属結晶は、自由電子が金属原子を互いに結び付けるはたらきをしています。この自由電子により電流が流れることができます。よって、「ア」の操作において、電流が流れたスズが金属結晶です。また、水により溶けることができるのは、イオン結晶です。イオン結晶は極性のある水分子による静電気的な引力によりイオン化されて水分子と結び付きます。この現象を「溶ける」といいます。「イ」の操作において、水に溶けたスクロースや硫酸銅はイオン結晶です。よって、電流

が流れて水に溶けないスズが金属結晶です。石英は、二酸化ケイ素（SiO_2）の共有結合による結晶です。自由電子がないために伝導性はありません。したがって、正解は④となります。

解答番号【12】：④　　⇒ **重要度A**

4

問1　原子量の基準の移り変わりについての会話です。原子量とは、各元素の同位体の相対質量と存在比から求められる平均値のことです。現在、原子量の基準は、「$^{12}C = 12$」が基準となっています。会話文の8行目以降にある太郎さんの発言から、酸素の原子番号が8であるのに対して硫黄の原子番号は16ですので、硫黄の質量数が酸素の質量数の2倍になると考えます。酸素Oの原子の質量100を基準とすると、硫黄の相対質量は$100 \times 2 = 200$となります。酸素Oの原子の質量16を基準とした場合は、硫黄の相対質量は2倍となるので$16 \times 2 = 32$となります。質量数とは陽子の数と中性子の数の和のことです。同一元素において、陽子の数は一定ですが、中性子の数が異なるものを同位体といいます。放射性元素の研究が始まったことにより各元素において複数の同位体の存在が発見されました。これにより、酸素が^{16}Oと^{17}Oと^{18}Oの3種類の同位体の混合物であり、平均原子量との差が問題となり混乱が生じました。その後、平均原子量との差が比較的少ない質量数12の炭素原子Cの質量を12とした$^{12}C = 12$が基準となり現在に至ります。したがって、正解は①となります。

解答番号【13】：①　　⇒ **重要度B**

問2　6.0×10^{23}個の粒子の集まりを物質量と呼びます。物質量の単位はmol（モル）です。物質1molあたりの質量をモル質量といいます。モル質量は、モル質量＝質量g/物質量molにより求めることができます。よって、単位はg/molとなります。したがって、正解は④となります。

解答番号【14】：④　　⇒ **重要度A**

問3　分子量（分子の質量）とは、分子式に基づく構成元素の原子量の総和です。
　　　CO_2の分子量＝12（炭素Cの原子量）$\times 1 + 16$（酸素Oの原子量）$\times 2$
　　　　　　　　　＝$12 \times 1 + 16 \times 2$
　　　　　　　　　＝44

CO_2の分子量は44となります。1molの物質の質量は分子量にg単位をつけたものとなります。よって、1mol（CO_2分子6.0×10^{23}個）あたりのCO_2の質量は44gとなります。ドライアイスはCO_2の固体ですので、モル質量は同じです。よって、1molの質量44gの半分である22gのドライアイスは、CO_2が0.50molからなります。昇華とは、固体から気体に状態変化することです。気体の種類に関わらず標準状態（0℃、1013hPa）において1molあたりの体積は22.4L/molです。CO_2が0.50molつまり1molの半分なので、気体の体積は$22.4 \div 2 = 11.2$Lとなります。したがって、正解は①となります。

解答番号【15】：①　　⇒ **重要度B**

問4　本問の実験では、マグネシウム1.2g/2.4g/3.6g/4.8gと濃度不明の塩酸HClをそれぞれ別のフラスコに入れて十分に反応させ、発生した水素H_2の量を測定したものです。

$Mg = 0g$ のとき、化学反応は成り立たず、水素 H_2 は発生しません。よって、グラフが原点を通っていない①と⑤のグラフは誤りです。マグネシウムが 1.2g のときの物質量は、モル質量 ［g/mol］ ＝原子量なので、

$$Mg \text{ の物質量} = \frac{Mg \text{ の質量}}{\text{モル質量}} = \frac{1.2g}{24g/mol} = 0.05mol$$

となります。過不足なく反応する物質量比は、化学反応式の係数部分より Mg：HCl：$MgCl_2$：$H_2 = 1：2：1：1$ となります。よって、Mg の物質量と生成した水素の物質量は等しくなるので、H_2 の物質量は 0.05mol となります。よって、$Mg = 1.2g$ のとき、生成物 H_2 の物質量が 0.05mol となっていない②のグラフは誤りです。グラフの折れ曲がる点で、マグネシウム Mg と塩酸 HCl が過不足なく反応しています。過不足のない反応とは、化学反応において、どちらの物質も不足することなく反応することです。それ以降、塩酸 HCl よりもマグネシウム Mg のほうが多くなるため、発生する水素 H_2 の量は増えません。よって、グラフが折れ曲がる点が2回ある④のグラフは誤りです。したがって、正解は③となります。

解答番号【16】：③　　⇒ **重要度B**

5

問1　水溶液中で電離して、水素イオン H^+ を生じる物質を酸、水酸化物イオン OH^- を生じる物質を塩基と定義したのは、アレニウスです。水に溶けて電離し水素イオンを生じるものは酸です。よって、①は誤りです。その後、H^+（陽子）の授受に着目して、相手に H^+（陽子）を与える物質を酸、相手から H^+（陽子）を受け取る物質を塩基と定義したのは、ブレンステッドとローリーです。よって、②は正しいです。酸は赤色リトマス紙では変化がなく、青色リトマス紙を赤色に変えます。よって、③は誤りです。アンモニア NH_3 は弱塩基ですので、④は誤りです。酸と塩基が反応して、その性質を打ち消し合う変化を中和といいます。中和において、生じる化合物を塩といいます。この塩をつくる酸と塩基の組み合わせから、その水溶液の液性に違いが出ます。HCl などの強酸と $NaOH$ などの強塩基の中和では、中性の水溶液ができますが、HCl などの強酸と NH_3 などの弱塩基の中和では酸性の水溶液ができます。よって、⑤は誤りです。したがって、正解は②となります。

解答番号【17】：②　　⇒ **重要度C**

問2　中和滴定において混合水溶液の pH は、中和点の前後で急激に変化し、その付近で中和滴定曲線はほぼ垂直になります。この垂直部分の中央が中和点の pH となります。グラフから、中和点は pH ≒ 9 と読み取れるため pH ＝ 7 より大きくなります。よって、①と②は誤りです。本問では、酢酸 CH_3COOH に水酸化ナトリウム $NaOH$ を滴下しているので、中和滴定曲線の横軸が示しているのは水酸化ナトリウム $NaOH$ の滴下量です。中和の関係式は、$CH_3COOH + NaOH \rightarrow CH_3COONa + H_2O$ となります。中和の量的関係は、酸から生じる H^+ の物質量＝塩基が受け取る H^+ の物質量となります。1価の酸である酢酸 CH_3COOH 0.20mol/L を 10ml（$= \frac{10}{1000}$ L）に 0.10mol/L の水酸化ナトリウム $NaOH$ を滴下していくので、酢酸 CH_3COOH から生じる H^+ の物質量は、1価× 0.20mol/L $\times \frac{10}{1000}$ L となり、水酸化ナトリウムから生じる OH^-（塩基が受け取ることができる H^+）の物質量は、水酸化ナトリウムの滴下量を x とすると、1価× 0.10mol/

$L \times \dfrac{x}{1000}$ L となります。これらより、

$$1 \times 0.20 \times \dfrac{10}{1000} = 1 \times 0.10 \times \dfrac{x}{1000}$$

$$0.10x = 0.20 \times 10$$

$$x = 2 \times 10$$

$$= 20 \ [\mathrm{mL}]$$

よって、中和点における水酸化ナトリウムの滴下量は 20mL となります。したがって、正解は⑤となります。

解答番号【18】：⑤　　⇒ **重要度C**

問3　本問に与えられている反応式において、加熱反応により酸化銅（Ⅱ）CuO は酸素原子 O を失って Cu になっています。これを「酸化銅（Ⅱ）CuO は還元された」といいます。よって、④は誤りです。また、水素 H_2 は、加熱反応により酸素元素 O を受け取って水 H_2O になっています。これを「水素原子は酸化された」といいます。よって、①は誤りです。酸化されるとき酸化数は増加し、還元されるとき酸化数は減少します。酸化銅は還元されているので、銅原子の酸化数は減少します。よって、③は正しいです。物質が電子を失ったとき、その物質は酸化されたといい、物質が電子を受け取ったとき、その物質は還元されたといいます。つまり、この反応では、電子は水素から銅に移動したことになります。よって、⑤は誤りです。したがって、正解は③となります。

解答番号【19】：③　　⇒ **重要度A**

問4　過不足なく反応する酸化還元反応では、酸化剤が受け取る電子の数と還元剤が失う電子の数が等しくなります。酸化還元反応の化学反応式は、電子の数が等しくなるように各半反応式を組み合わせてつくります。酸化剤（過マンガン酸カリウム）の半反応式の両辺を×2し、還元剤（過酸化水素）の半反応式の両辺を×5すると、酸化剤と還元剤の間でやり取りする電子のモル比が同じ値 10 になります。

酸化剤　$MnO_4{}^- + 8H^+ + 5e^- \rightarrow Mn^{2+} + 4H_2O$ 　　　×2

$\underline{2MnO_4{}^- + 16H^+ + 10e^- \rightarrow 2Mn^{2+} + 8H_2O}$

還元剤　$H_2O_2 \rightarrow O_2 + 2H^+ + 2e^-$ 　　　　　　　　　　×5

$\underline{5H_2O_2 \rightarrow 5O_2 + 10H^+ + 10e^-}$

$2MnO_4{}^- + 5H_2O_2 + 6H^+ \rightarrow 2Mn^{2+} + 5O_2 + 8H_2O$

このとき、過マンガン酸イオン $MnO_4{}^-$ の係数は2、過酸化水素 H_2O_2 の係数は5より、過不足なく反応するとき、$MnO_4{}^- : H_2O_2 = 2 : 5$ の量的関係があることがわかります。つまり、過マンガン酸イオン $MnO_4{}^-$ が 2.0mol のとき、過酸化水素 H_2O_2 は 5.0mol であれば過不足なく反応することができます。したがって、正解は⑤となります。

解答番号【20】：⑤　　⇒ **重要度C**

令和4年度 第2回／化学基礎

令和４年度 第１回
高卒認定試験

化学基礎

解答時間　50分

化 学 基 礎

$$\left(解答番号 \boxed{1} \sim \boxed{20}\right)$$

1 化学と人間生活について，**問1〜問4**に答えよ。

問 1 金属の利用とその歴史に関する次の文の（　**A**　）〜（　**C**　）に当てはまる語句の組合せとして正しいものはどれか。下の**①**〜**⑤**のうちから一つ選べ。解答番号は　**1**　。

　　人類が最初に利用した金属は，自然に産出していた金や銀などである。その他の金属のほとんどは，自然界で（　**A**　）や硫黄との化合物として存在している。（　**A**　）は，空気中に体積比で約21 % 含まれており，地殻の中に一番多く含まれる元素である。こうした金属を材料として使うためには，その化合物の中から金属を単体として取り出さなければならない。この技術を（　**B**　）という。

　　（　**B**　）によって人類がはじめて用いた金属は（　**C**　）と言われている。（　**C**　）は，赤色の軟らかい金属で熱を非常によく伝え，金属の中で銀について２番目に電気をよく通す。現在では，おもに電線や調理器具などに使われている。

	A	B	C
①	酸素	電気分解	銅
②	窒素	電気分解	アルミニウム
③	酸素	製錬	銅
④	窒素	製錬	アルミニウム
⑤	酸素	製錬	アルミニウム

問 2　酸素，塩化ナトリウム，空気を**混合物，単体，化合物**に分類した。その分類の組合せとして正しいものはどれか。次の①〜⑤のうちから一つ選べ。解答番号は　2　。

	混合物	単体	化合物
①	酸素	塩化ナトリウム	空気
②	酸素	空気	塩化ナトリウム
③	塩化ナトリウム	酸素	空気
④	空気	塩化ナトリウム	酸素
⑤	空気	酸素	塩化ナトリウム

問 3　海水から純水を得るための実験を行った。その実験装置の留意点として正しいものはどれか。下の①〜⑤のうちから一つ選べ。解答番号は　3　。

蒸留装置

① 海水の中に沸騰石を入れる。

② リービッヒ冷却器の冷却水はAからBへ流す。

③ 温度計の先端は海水の中に入れる。

④ 枝付きフラスコに海水を3分の2以上入れる。

⑤ 三角フラスコの上部とアダプターをゴム栓で接続する。

問 4　互いに同素体の関係にあるものの組合せとして正しいものはどれか。次の①～⑤のうちか

ら一つ選べ。解答番号は　　4　　。

① ダイヤモンド　と　ドライアイス

② 二酸化炭素　と　一酸化炭素

③ 黒鉛　と　斜方硫黄

④ 赤リン　と　黄リン

⑤ 単斜硫黄　と　オゾン

2 物質の構成粒子について，問1〜問4に答えよ。

問1 次の花子先生と太郎さんの二人の会話中の（ A ），（ B ）に当てはまる語句の組合せとして正しいものはどれか。下の①〜⑤のうちから一つ選べ。解答番号は 5 。

令和4年度第1回試験

太郎さん：「先生。この間，テレビの医療番組を見ていたら，甲状腺ガンの治療にヨウ素の放射性（ A ）を使うといっていましたけど，それは本当ですか。」

花子先生：「それは本当です。甲状腺は，のどのあたりにある臓器で，放射線を出すヨウ素を服用することでガンの治療を行うことができます。」

太郎さん：「そうなんですか。どのように治療を行うのですか。」

花子先生：「元々，甲状腺にはヨウ素が集まってきます。甲状腺ではヨウ素を使って甲状腺ホルモンをつくります。ヨウ素の放射性（ A ）を服用すると，それが甲状腺に集まり，ガン細胞を壊す働きをすることでガンの治療を行います。」

太郎さん：「他の放射性（ A ）の種類とその利用法にはどのようなものがありますか。」

花子先生：「（ B ）の（ A ）には，放射性（ A ）があります。これは遺跡の発掘等で年代測定をするときに利用します。昨年世界文化遺産に登録された『北海道・北東北の縄文遺跡群』の年代測定にも利用されました。」

太郎さん：「そうなんですね。放射性（ A ）のいろいろな利用法がわかりました。」

	A	B
①	同素体	炭素
②	同素体	ヘリウム
③	同位体	リチウム
④	同位体	炭素
⑤	同位体	ヘリウム

問 2　次のア～ウの条件をすべて満たす元素として正しいものはどれか。下の①～⑤のうちから一つ選べ。解答番号は　6　。

　ア　金属元素である。
　イ　単体は，常温・常圧で液体である。
　ウ　銀白色である。

①　水銀　　　　　　　　　②　ヘリウム　　　　　　　③　アルミニウム
④　水素　　　　　　　　　⑤　炭素

問 3　次の原子番号 1 ～ 20 の元素の中で，水素 H を除いた周期表の 1 族に含まれる元素の組合せとして正しいものはどれか。下の①～⑤のうちから一つ選べ。解答番号は　7　。

H He Li Be B C N O F Ne Na Mg Al Si P S Cl Ar K Ca

①　Li・Na・K　　　　　②　Be・Mg・Ca　　　　③　B・Al
④　N・P　　　　　　　　⑤　He・Ne・Ar

問 4　次の図は，原子の電子配置を模式的に表したものである。ア～オのうち，安定した電子配置である原子の組合せとして正しいものはどれか。下の①～⑤のうちから一つ選べ。解答番号は　8　。

　　　●：原子核
　　　●：電子

①　アとイ　　　②　イとウ　　　③　アとエ　　　④　ウとエ　　　⑤　エとオ

3 物質と化学結合について，問1〜問4に答えよ。

問 1 アンモニウムイオン $NH_4{}^+$ と硫酸イオン $SO_4{}^{2-}$ からできる物質の組成式として正しいものはどれか。次の①〜⑤のうちから一つ選べ。解答番号は 9 。

① $NH_4(SO_4)_2$ ② $(NH_4)_2SO_4$ ③ NH_6SO_4

④ NH_8SO_4 ⑤ NH_2SO_4

問 2 **分子の電子式**とその分子中に含まれる**非共有電子対の数**の組合せとして正しいものはどれか。次の①〜⑤のうちから一つ選べ。解答番号は 10 。

	分子の電子式	非共有電子対の数
①	:C̈l:C̈l:	7
②	H:H	1
③	:Ö::C::Ö:	8
④	H:N̈:H H	3
⑤	H H H:C̈:C̈:H H H	0

問 3　次の図は少量の塩化ナトリウム NaCl と少量のヨウ素 I_2 を常温の水とヘキサンにそれぞれ加え，よく混ぜた直後の様子を示したものである。これらの結果を参考に，無極性分子であるものの組合せとして適当なものはどれか。下の①～⑤のうちから一つ選べ。

解答番号は　11　。

水と NaCl	水と I_2	ヘキサンと NaCl	ヘキサンと I_2
（すべて溶けた）	（結晶が残った）	（結晶が残った）	（すべて溶けた）

① 　水　　と　　塩化ナトリウム

② 　水　　と　　ヨウ素

③ 　ヘキサン　　と　　塩化ナトリウム

④ 　ヘキサン　　と　　ヨウ素

⑤ 　塩化ナトリウム　　と　　ヨウ素

問 4　固体の**物質**とその物質の**結晶の種類**の組合せとして正しいものはどれか。次の①～⑤のうちから一つ選べ。解答番号は　12　。

	物質	結晶の種類
①	ダイヤモンド	分子結晶
②	黒鉛	イオン結晶
③	塩化ナトリウム	イオン結晶
④	ドライアイス	金属結晶
⑤	鉄	分子結晶

4 物質量と化学反応式について，問1～問4に答えよ。

問1 ナトリウムイオン Na^+ の式量に関する次の文の（ A ），（ B ）に当てはまる語句と数値の組合せとして正しいものはどれか。下の①～⑤のうちから一つ選べ。ただし，ナトリウムの原子量を23とする。解答番号は 13 。

　ナトリウム原子 Na が（ A ）を1つ放出するとナトリウムイオンになる。放出した（ A ）の質量は原子の質量に比べて非常に小さいため，無視することができる。したがってナトリウムイオンの式量は（ B ）となる。

	A	B
①	電子	22
②	電子	23
③	電子	24
④	陽子	22
⑤	陽子	23

問2 1.0 mol の水分子 H_2O に関する記述として正しいものはどれか。次の①～⑤のうちから一つ選べ。ただし，水の分子量を18とし，アボガドロ定数を 6.0×10^{23}/mol とする。解答番号は 14 。

① 3.0×10^{23} 個の水分子が含まれる。

② 1.0 mol の水素原子が含まれる。

③ 水素原子と酸素原子が同じ数含まれる。

④ すべて水蒸気になると体積は標準状態（0℃，1.01×10^5 Pa）で 18 L になる。

⑤ 質量は 18 g である。

令和4年度第1回試験

問 3 密度 1.2 g/cm^3 で質量パーセント濃度が 20 % の水溶液が 100 mL ある。次の文の
（ A ），（ B ）に当てはまる数値と語句の組合せとして正しいものはどれか。下の①〜
⑤のうちから一つ選べ。解答番号は 15 。

密度 1.2 g/cm^3 という値が表しているのは水溶液 1 cm^3（＝ 1 mL）の質量が 1.2 g である
ということなので，100 mL の水溶液の質量は（ A ）g となる。この中に（ B ）が 20 %
含まれているので，（ B ）の質量は 24 g となる。

	A	B
①	80	溶質
②	100	溶媒
③	100	溶質
④	120	溶媒
⑤	120	溶質

問 4 炭酸水素ナトリウム NaHCO₃ を加熱すると，次の化学反応式のように熱分解する。

$$2\,NaHCO_3 \longrightarrow Na_2CO_3 + H_2O + CO_2$$

次の図のように 8.4 g の炭酸水素ナトリウム(式量 84)を蒸発皿に入れ，加熱して完全に反応させると，5.3 g の炭酸ナトリウム Na₂CO₃(式量 106)が蒸発皿に生じた。この反応に関する記述として正しいものはどれか。下の①〜⑤のうちから一つ選べ。

解答番号は ┃ 16 ┃ 。

蒸発皿

① 生成した水と二酸化炭素の質量を合計すると 3.1 g になる。

② この反応において，反応した炭酸水素ナトリウムと生成した炭酸ナトリウムの物質量の比は 1：1 である。

③ 生成した水は 0.10 mol である。

④ 加熱が不十分だと，生成する水の質量は増加してしまう。

⑤ 実験に用いた炭酸水素ナトリウムは 0.50 mol である。

5　化学反応について，問1～問4に答えよ。

問1　酢酸に関する記述として最も適するものはどれか。次の①～⑤のうちから一つ選べ。
解答番号は　17　。

① 強酸である。

② 弱酸である。

③ 塩である。

④ 弱塩基である。

⑤ 強塩基である。

問2　酸と塩基が反応したとき，過不足なく中和する組合せとして正しいものはどれか。次の①～⑤のうちから一つ選べ。解答番号は　18　。

① 2 mol の HCl　と　1 mol の NaOH

② 1 mol の H_2SO_4　と　1 mol の NaOH

③ 1 mol の CH_3COOH　と　2 mol の NH_3

④ 1 mol の HNO_3　と　1 mol の NH_3

⑤ 3 mol の H_3PO_4　と　2 mol の $Ca(OH)_2$

問3 次の文の(A ），(B ）に当てはまる語句の組合せとして正しいものはどれか。下の①～⑤のうちから一つ選べ。解答番号は 19 。

硝酸銀水溶液は(A ）色の水溶液である。この水溶液に銅板を入れると，銅板に銀が析出し，溶液は徐々に(B ）色に変化していく。

	A	B
①	無	赤
②	無	黄
③	無	青
④	赤	青
⑤	赤	黄

問4 次の文の(A ）～(C ）に当てはまる語句の組合せとして正しいものはどれか。下の①～⑤のうちから一つ選べ。解答番号は 20 。

イオン化傾向が小さい金は単体としても産出されるが，イオン化傾向が大きいアルミニウムは酸化物として産出される。そのため，アルミニウムを利用するために酸化物から単体を取り出す必要がある。

アルミニウムの原料は(A ）とよばれる鉱石であり，この(A ）を精製すると(B ）とよばれる純粋な酸化アルミニウムが得られる。さらに(B ）を(C ）にして融解し電気分解することによってアルミニウムイオンが還元されアルミニウムの単体を得ることができる。この電気分解を溶融塩電解(融解塩電解)という。

	A	B	C
①	ボーキサイト	ファラデー	低温
②	ボーキサイト	アルミナ	高温
③	ボーキサイト	アルミナ	低温
④	コークス	ファラデー	高温
⑤	コークス	アルミナ	低温

令和4年度 第1回

解答・解説

令和４年度　第１回　高卒認定試験

【　解　答　】

1	解答番号	正答	配点	2	解答番号	正答	配点	3	解答番号	正答	配点	4	解答番号	正答	配点	5	解答番号	正答	配点
問1	1	③	5	問1	5	④	5	問1	9	②	5	問1	13	②	5	問1	17	②	5
問2	2	⑤	5	問2	6	①	5	問2	10	⑤	5	問2	14	⑤	5	問2	18	④	5
問3	3	①	5	問3	7	①	5	問3	11	④	5	問3	15	⑤	5	問3	19	③	5
問4	4	④	5	問4	8	③	5	問4	12	③	5	問4	16	①	5	問4	20	②	5

【　解　説　】

1

問1　自然界に存在する金属の多くは、地中の鉱石中に酸素や硫黄と結び付いた化合物として存在しています。空気を構成する物質の体積比は、窒素が約78％、酸素が約21％です。また、地殻を構成する物質の構成比は、酸素が約46％、ケイ素が約28％となっており、酸素は地殻中で最も多く含まれる元素です。酸化物や硫黄化物として存在する鉱石から金属の単体を取り出す操作を製錬といいます。製錬によって人類が初めて用いた金属は銅です。銅は黄銅鉱などの鉱石から製錬によって取り出されます。銅は、電気や熱をよく伝えるため電線や調理器具として使われています。電気分解とは、電気のエネルギーを利用して酸化還元反応を起こすものです。電気分解によって製錬により得られた銅から不純物を取り除いて純度の高い銅を取り出すことができます。したがって、正解は③となります。

解答番号【1】：③　　⇒ **重要度Ａ**

問2　酸素 O_2 や塩化ナトリウム NaCl など１種類の物質のみからできたものを純物質といいます。海水や空気など２種類以上の物質が混じり合ってできた物質を混合物といいます。純物質の中で、酸素 O_2 や水素 H_2 など１種類の元素からなる物質を単体、水 H_2O や塩化ナトリウム NaCl など２種類以上の元素からなる純物質を化合物といいます。空気は、窒素 N_2・酸素 O_2・アルゴン Ar など複数の純物質が含まれるので混合物です。酸素 O_2 は、酸素元素のみからなる単体です。塩化ナトリウム NaCl は、塩素元素 Cl とナトリウム元素 Na がイオン結合した純物質なので化合物です。したがって、正解は⑤となります。

解答番号【2】：⑤　　⇒ **重要度Ａ**

問3　蒸留装置は、液体に固体などが溶け込んだ混合物を加熱して、液体を気体に変え、これを冷却して再び液体として分離する装置です。この操作のことを蒸留といいます。この操作を行う際、留意点として、海水に沸騰石を入れて急激な沸騰を防ぎます。よって、①は正しいです。冷却水は、図のＢからＡ、つまりリービッヒ冷却器の下部から上部に流します。ＡからＢに流すと、温められた水は上昇するため水は下に流れ落ちずに上部に溜まってし

まい、冷却効率が悪くなります。よって、②は誤りです。枝付きフラスコに入れる温度計は、枝に向かう蒸気の温度を測定するために枝の付け根の位置に設置します。海水中には入れません。蒸気の温度を測ることで目的の物質（水）が出ているかどうかを確認することができます。よって、③は誤りです。枝付きフラスコに入れる海水の量は、全容量の2分の1以下にします。これは、沸騰したときに枝に液体が向かわないようにするためです。よって、④は誤りです。三角フラスコをゴム栓で接続すると、容器の内圧が上昇して器具を破損する恐れがあるため、密閉しないようにアルミニウム箔などで接続します。よって、⑤は誤りです。したがって、正解は①となります。

解答番号【3】：①　　⇒ 重要度B

問4　同じ元素からなるが性質の異なる単体を同素体といいます。①のダイヤモンドが炭素Cからなるのに対し、ドライアイスは二酸化炭素CO_2よりなるため、同じ元素からなる単体ではありません。②の二酸化炭素CO_2と一酸化炭素COは、炭素Cと酸素Oからできている化合物であり単体ではありません。③の黒鉛が炭素Cであるのに対し、斜方硫黄は硫黄Sであるため、同じ元素ではありません。④の黄リンと赤リンは、リンPの同素体です。黄リンと赤リンは同じ単体の元素からなりますが、性質が異なります。黄リンは猛毒であり空気中で自然発火しますが、赤リンは無毒であり空気中で自然発火しません。マッチの先端には赤リンが使われています。こすることによって生じる摩擦熱で、赤リンが黄リンに変わり発火します。⑤の単斜硫黄は硫黄Sであるのに対し、オゾンは酸素O_2であるため、同じ元素ではありません。したがって、正解は④となります。

解答番号【4】：④　　⇒ 重要度A

2

問1　原子番号が同じで質量数が異なる原子を同位体といいます。陽子の数が等しい同じ元素においては、中性子数が異なるために質量数が異なります。これに対して、同素体は、無色無臭の酸素O_2と淡青色で匂いのあるオゾンO_3のように、同じ原子からできている単体でも性質が異なるものをいいます。同位体の中には、原子核が不安定で放射線を出すものがあります。これを放射性同位体といいます。ヨウ素の放射性同位体を服用すると、それが甲状腺に集まります。放射線は電磁波のひとつで非常に短い波長をもち、透過性が大きいため細胞や核内を透過します。また、原子に衝突して電子をはじきとばす電離作用があり、その電子により細胞が傷つけられます。こうしたことから、がん細胞のDNAを攻撃して死滅させることができるため、放射線ががん治療に用いられています。大気中の二酸化炭素には炭素Cの放射性同位体である^{14}Cが微量に含まれています。植物は光合成で二酸化炭素を取り込むときに、この^{14}Cを取り込みます。放射性物質は一定の割合で時間とともに崩壊していきます。崩壊により最初の原子核の数の半分になるまでの時間を半減期といいます。^{14}Cの半減期は約5730年です。遺跡の発掘などで年代測定を行うとき、木片に含まれている^{14}Cの割合を調べることによって、^{14}Cの半減期から年代を算出することができます。したがって、正解は④となります。

解答番号【5】：④　　⇒ 重要度A

問2　選択肢のうち、金属元素は①の水銀Hgと③のアルミニウムAlです。常温・常圧で液体である金属は水銀Hgです。また、水銀Hgは銀白色をしています。よって、ア～ウの

条件をすべて満たす元素は水銀です。したがって、正解は①となります。

解答番号【6】：①　　⇒ 重要度A

問3　周期表の縦の列を族といいます。同じ族に属する元素を同族元素といいます。水素 H 以外の1族元素をアルカリ金属といい、性質が似ています。原子番号1〜20の元素の中で、アルカリ金属はリチウム Li・ナトリウム Na・カリウム K です。アルカリ金属は価電子を1個もち、イオン化エネルギーが小さいため、価電子を1個放出して1価の陽イオンになりやすい性質があります。単体は反応性に富み、常温の水と容易に反応するため石油中に保存します。化合物は炎色反応を示します。②の元素は2族元素のアルカリ土類金属、③の元素は13族元素、④の元素は15族元素、⑤の元素は18族元素の貴ガスです。したがって、正解は①となります。

解答番号【7】：①　　⇒ 重要度A

問4　安定した電子配列とは、最外殻電子（最も外側の電子殻に入っている電子）にそれぞれの殻の最大数の電子が配置されている状態のことです。「ア」は最外殻がK殻ですので最大電子数は2個であり、模式図も電子が2個となっていますから安定した電子配置です。なお、これはヘリウム原子 He の模式図です。「イ」・「ウ」・「エ」は、最外殻がL殻で最大電子数は8個です。よって、模式図で電子が8個埋まっている「エ」のみが安定した電子配置とわかります。なお、「イ」はベリリウム原子 Be、「ウ」は炭素原子 C、「エ」はネオン原子 Ne の模式図です。「オ」は最外殻のM殻に電子が1つしか配置されていないので、安定した電子配置ではありません。M殻の最大電子数は8個です。なお、「オ」はナトリウム原子 Na の模式図です。したがって、正解は③となります。

解答番号【8】：③　　⇒ 重要度A

3

問1　陽イオンと陰イオンの間には静電気力がはたらき、それによって生じる結合をイオン結合といいます。陽イオンと陰イオンからできる物質は、構成イオンの種類とその割合を最も簡単な整数比で示した組成式で表すことができます。NH_4^+ は陽イオン、SO_4^{2-} は陰イオンです。イオンの価数とは、各イオンになるときに、原子が電子を受け取ったり失ったりした数のことをいいます。イオン式の右上の数字が価数を表しているので、NH_4^+ であれば価数は1、SO_4^{2-} の価数は2です。これらのイオン結晶を考えるとき、陽イオンの価数×陽イオンの数＝陰イオンの価数×陰イオンの数という関係が成り立ちます。陽イオンの数をX、陰イオンの数をYとします。$1 × X ＝ 2 × Y$ が成り立つ最小の整数XとYを考えると、X＝2、Y＝1となります。そして、陽イオンと陰イオンの電荷±を取り除いて、XとYの値を右下につけると、$(NH_4)_2SO_4$ と表せます（1は省略します）。したがって、正解は②となります。

解答番号【9】：②　　⇒ 重要度A

問2　原子どうしが電子を共有して生じる結合を共有結合といいます。分子はいくつかの共有結合によって形成されています。電子式は、原子の最外殻の様子を表しています。元素記号の上下左右にある黒丸（・）は最外殻電子の配置を表しています。2つペアになっている「：」を電子対といいます。2つペアにならない電子を不対電子といいます。不対電子

がほかの原子の不対電子と電子対をつくり、これが両原子に共有されたものを共有電子対といいます。このとき、原子間では共有結合が生じます。共有結合に関わらないものを非共有電子対といいます。①の塩素分子 Cl_2 の電子対では、共有電子対は1組、非共有電子対は6組です。②の水素分子 H_2 の電子対では、共有電子対は1組、非共有電子対は0組です。③の二酸化炭素分子 CO_2 の電子対では、共有電子対は4組、非共有電子対は4組です。このように2組の共有電子対で生じる共有結合を二重結合といいます。④のアンモニア分子 NH_3 の電子対では、共有電子対は3組、非共有電子対は1組です。⑤のエタン分子 C_2H_6 の電子対では、炭素 C と水素 H はすべて共有電子対であり、非共有電子対は0です。したがって、正解は⑤となります。

解答番号【10】：⑤　　⇒ ■ **重要度 B**

問3　同種の原子間における共有結合では共有電子対が、どちらの原子にも偏らずに均等に共有されます。それに対して、異種の原子間における共有結合において共有電子対が一方の原子に偏ります。片方を引き寄せているほうの原子は負の電荷をもち、他方の原子は正の電荷をもちます。そのため分子全体として極性を示します。このような分子を極性分子といいます。極性分子に対して、結合に極性がなく、分子全体として極性を示さないものを無極性分子といいます。本問では、溶質である塩化ナトリウム NaCl とヨウ素 I2 を、溶媒である水 H_2O とヘキサン C_6H_{14} にそれぞれ混ぜ合わせます。

　「水と NaCl」の図には、「すべて溶けた」とあるので、イオン結晶である塩化ナトリウム NaCl が水 H_2O の極性によりイオン化されたことがわかります。水に塩化ナトリウムを入れると、塩化ナトリウムの結晶表面の Na^+ に水分子中の負に帯電した酸素原子が静電気的な引力によって引き付けられ、Cl^- には水分子中の正に帯電した水素原子が引き付けられます。Na^+ や Cl^- が水分子と結び付くと、結晶中の Na^+ と Cl^- の間の結合が弱まり、Na^+ と Cl^- は熱運動によって水中を拡散していきます。このようにして、塩化ナトリウム NaCl は水 H_2O の中でよく溶けます。よって、水は極性分子です。また、塩化ナトリウムは、イオン結晶であって分子結晶ではないので極性分子ではありません。

　「水と I_2」の図から、水 H_2O とヨウ素 I_2 の混合液において、ヨウ素の結晶が残ったことがわかります。つまり、水とヨウ素は混ざり合いません。水は極性分子ですので、水と混ざり合わない溶質のヨウ素 I_2 は無極性分子となります。極性分子と無極性分子の混合液では、極性分子どうしの結合が強く無極性分子と混ざり合うことができません。

　「ヘキサンと NaCl」の図から、ヘキサン C_6H_{14} と塩化ナトリウム NaCl の混合液でも塩化ナトリウムの結晶が残っていることがわかります。このことから、ヘキサンは塩化ナトリウムのイオン結合を引き離す極性がない無極性分子だとわかります。

　「ヘキサンと I_2」の図から、ヘキサン C_6H_{14} とヨウ素 I_2 はすべて溶け合っていることがわかります。無極性分子と無極性分子は分子の熱運動による拡散によって混ざり合うことができるため、ヘキサン C_6H_{14} とヨウ素 I_2 は互いに無極性分子であるということがわかります。

　以上のことから、無極性分子の組み合わせはヘキサン C_6H_{14} とヨウ素 I_2 です。したがって、正解は④となります。

解答番号【11】：④　　⇒ ■ **重要度 B**

問4　分子結晶とは、非金属元素の原子が共有結合により分子を形成し、その分子間にはたらく弱い引力である分子間力（ファンデルワールス力）によって規則正しく配列してできた

固体のことをいいます。イオン結晶とは、原子が電子の授受により陽イオンと陰イオンになり、陽イオンと陰イオンどうしがイオン結合により結び付き、規則正しく配列した固体のことをいいます。金属結晶とは、金属元素の原子が自由電子により結合する金属結合によりできた結晶のことです。①の炭素原子Cからできているダイヤモンドは共有結合による結晶です。共有結合による結晶は、外力に対して非常に硬く、融点が非常に高い特徴をもちます。②の炭素原子Cからなる黒鉛もダイヤモンドと同様に共有結合による結晶です。③の塩化ナトリウムはナトリウムイオン Na^+ と塩化物イオン Cl^- がイオン結合したイオン結晶です。イオン結晶は、外力に対し割れやすい特徴があります。④のドライアイスは二酸化炭素 CO_2 の固体です。これは二酸化炭素 CO_2 分子が分子間力により結合する分子結晶です。分子結晶は、融点が低く外力に対し弱い特徴があります。⑤の鉄Feは金属元素であり、金属結合の結晶です。したがって、正解は③となります。

解答番号【12】：③　　⇒ **重要度A**

4

問1　イオンの質量の値をイオンの式量といいます。ナトリウム原子Naが電子を1つ放出してナトリウムイオン Na^+ となります。陽子の質量を1としたときに電子の質量は 1/1840 と極めて小さいため、放出した電子の質量は無視することができます。ナトリウムの原子量は23より、電子の質量を無視すると、イオンの質量＝そのイオンを構成する原子の質量と考えることができます。イオンの質量のことをイオンの式量といいます。よって、イオンの式量は23となります。したがって、正解は②となります。

解答番号【13】：②　　⇒ **重要度A**

問2　物質量molとは、6.0×10^{23} 個の粒子の集団です。1molの水分子には 6.0×10^{23} 個の水分子が含まれます。よって、①は誤りです。水分子 H_2O は、水素原子Hが2つと酸素原子Oが1つからなるため、1.0molの水分子 H_2O は、2.0 molの水素原子Hと1.0 molの酸素原子Oより構成されています。よって、②と③は誤りです。気体の種類に関係なく標準状態における1molの気体の体積は22.4Lです。水蒸気は水の気体状態です。よって、④は誤りです。1molの質量は、原子量や分子量にg単位をつけたものです。分子量は、分子式より構成元素の原子量の総和から求められます。設問文に1.0molの水分子の分子量は18とするとありますので、1.0molの水分子の質量は分子量にgをつけた18gとなります。したがって、正解は⑤となります。

解答番号【14】：⑤　　⇒ **重要度A**

問3　密度が $1.2g/cm^3$ ということは、水溶液 $1cm^3$（＝ 1mL）の質量が1.2gなので、100mLでは $1.2g/cm^3 \times 100cm^3 = 120g$ となります。水に物質を溶かし、全体が均一になる現象を溶解するといいます。このとき、水を溶媒といい、溶けている物質を溶質といいます。溶液の質量に対する溶質の質量の割合のことを質量パーセント濃度といいます。設問文に「質量パーセント濃度が20％の水溶液」とありますから、溶質が全体の20％含まれているということになります。溶質の質量は以下の式によって求められます。

$$\frac{溶質の質量}{溶液の質量} \times 100 = 質量パーセント濃度$$

$$\frac{溶質の質量}{120g} \times 100 = 20\%$$

$$溶質の質量 = 20 \times \frac{1}{100} \times 120$$

$$= 24\,g$$

したがって、正解は⑤となります。

解答番号【15】：⑤　　⇒ 重要度A

問4　化学変化における質量保存の法則より、反応物の質量の総和と生成物の質量の総和は等しいので、反応の前後で質量の総和は変わりません。よって、炭酸水素ナトリウム $NaHCO_3$ の質量は 8.4g ですから、生成物である炭酸ナトリウム Na_2CO_3（＝ 5.3g）と水と二酸化炭素（$H_2O + CO_2$）の総和は 8.4g になります。8.4 － 5.3 ＝ 3.1 より水と二酸化炭素（$H_2O + CO_2$）の総和は 3.1g となります。よって、①は正しいです。化学反応式の係数の比が、反応物と生成物のそれぞれの物質量の比と等しくなります。これより、反応物である炭酸水素ナトリウム $NaHCO_3$ と生成物である炭酸ナトリウム Na_2CO_3 の物質量比は、2：1 となります。よって、②は誤りです。同様に、反応式の係数が物質量の比と等しくなることから生成した水 H_2O は 1.0mol です。よって、③は誤りです。加熱が不十分な場合、生成物である水の質量が増加することはありません。加熱が不十分だと生成物は減少します。よって、④は誤りです。設問文より、炭酸水素ナトリウム $NaHCO_3$ の式量は 84 です。式量とは組成式を構成する元素の原子量の総和を表しています。モル質量は式量に g/mol をつけたものですから、炭酸水素ナトリウム $NaHCO_3$ のモル質量は 84g/mol となります。物質量＝質量 ÷モル質量の関係があるので、この実験で使用した炭酸水素ナトリウム $NaHCO_3$ の物質量は、8.4g ÷ 84g/mol ＝ 0.1mol となります。よって、⑤は誤りです。したがって、正解は①となります。

解答番号【16】：①　　⇒ 重要度B

5

問1　水溶液中で陽イオンと陰イオンを生じることを電離といい、電離したときに水素イオン H^+ を生じる物質を酸といいます。水溶液中で完全に電離して、電離度が1に近い酸を強酸といいます。これに対して、水溶液中で一部しか電離せず、電離度が小さい酸を弱酸といいます。また、水溶液中で電離して、水酸化物イオン OH^- を生じる物質を塩基といいます。酢酸 CH_3COOH は弱酸です。強酸には塩化水素 HCl などがあります。弱塩基にはアンモニア NH_3 など、強塩基には水酸化ナトリウム $NaOH$ などがあります。また、塩とは、酸と塩基が中和するときに酸の陰イオンと塩基の陽イオンから生じる化学物質のことをいいます。したがって、正解は②となります。

解答番号【17】：②　　⇒ 重要度A

問2　化学反応式をつくり、その係数比より物質量比を導き出します。過不足なく中和するとは、中和されず残る物質がなく、反応が終了することをいいます。①の反応式は、$HCl + NaOH \rightarrow NaCl + H_2O$ です。この反応式の係数比で中和すると過不足なく中和ができます。つまり、過不足ない中和反応には 1mol の塩化水素 HCl と 1mol の水酸化ナトリウム $NaOH$ が必要です。よって、①は誤りです。②の反応式は、$H_2SO_4 + 2NaOH \rightarrow Na_2SO_4 + 2H_2O$ です。よって、1mol の硫酸 H_2SO_4 と 2mol の水酸化ナトリウム $NaOH$

が必要となるので、②は誤りです。③の反応式は、$CH_3COOH + NH_3 \rightarrow CH_3COONH_4$ となり、酢酸アンモニウムが生成されます。過不足なく反応するためには、1mol の酢酸 CH_3COOH と 1mol のアンモニア NH_3 が必要となるので、③は誤りです。④の反応式は、$HNO_3 + NH_3 \rightarrow NH_4NO_3$ となり、硝酸アンモニウムが生成されます。過不足なく反応するためには、1mol の硝酸 HNO_3 と 1mol の NH_3 が必要です。よって、④は正しいです。⑤の反応式は、$2H_3PO_4 + 3Ca(OH)_2 \rightarrow Ca_3(PO_4)_2 + 6H_2O$ となります。過不足なく反応するためには、2mol のリン酸 H_3PO_4 と 3mol の水酸化カルシウム $Ca(OH)_2$ が必要となるので、⑤は誤りです。したがって、正解は④となります。

　　解答番号【18】：④　　⇒ 重要度 C

問3　硝酸銀 $AgNO_3$ 水溶液は無色の水溶液です。この水溶液に銅板を入れると、銅 Cu のイオン化傾向は銀 Ag のイオン化傾向より大きいため、銅は電子を失って陽イオン Cu^{2+} となり、その電子を硝酸銀水溶液中の Ag^+ が受け取り Ag が析出します。析出した金属は樹木の枝のように見えるため金属樹と呼ばれます。溶液は銅イオンが増えるにしたがって徐々に青色に変化していきます。したがって、正解は③となります。

　　解答番号【19】：③　　⇒ 重要度 C

問4　アルミニウム Al の原料は、地殻に存在する鉱石のボーキサイトです。ボーキサイトからアルミナという酸化アルミニウム Al_2O_3 を電気分解により取り出します。酸化アルミニウムの融点は 2000℃を超すため、氷晶石（ひょうしょうせき）Na_3AlF_6 といっしょに高温（約 1000℃）で溶かして、電気分解により炭素電極の陰極に単体のアルミニウム Al を析出させ、陽極では一酸化炭素や二酸化炭素が生じます。これを溶融塩電解といいます。したがって、正解は②となります。

　　解答番号【20】：②　　⇒ 重要度 B

令和３年度 第２回
高卒認定試験

化学基礎

解答時間　50分

化 学 基 礎

$$\left(\text{解答番号}\quad\boxed{1}\sim\boxed{20}\right)$$

1 化学と人間生活について，問1～問4に答えよ。

問1 食品添加物とその**主な**作用についての組合せとして正しいものはどれか。次の①～⑤のうちから一つ選べ。解答番号は □1□ 。

	食品添加物	主な作用
①	着色料	甘みをつける
②	甘味料	色をつける
③	保存料	水と油を混ぜる
④	乳化剤	腐敗の防止
⑤	酸化防止剤	酸化の防止

問2 乾燥空気の組成（体積パーセント）について述べた次の文の（ A ）～（ C ）に当てはまる語句の組合せとして正しいものはどれか。下の①～⑤のうちから一つ選べ。解答番号は □2□ 。

　　乾燥空気は（ A ）に分類され，含まれる気体の多い順に（ B ）がおよそ78 ％，次いで酸素がおよそ21 ％となる。また，残りのおよそ1 ％のうち最も多い気体はアルゴンで，次に（ C ）となる。

	A	B	C
①	混合物	窒素	二酸化炭素
②	混合物	窒素	ヘリウム
③	混合物	ヘリウム	二酸化炭素
④	純物質	窒素	ヘリウム
⑤	純物質	ヘリウム	二酸化炭素

問 3 炭素，酸素，硫黄について述べた次の文の（　A　）～（　C　）に当てはまる語句や数値の組合せとして正しいものはどれか。下の①～⑤のうちから一つ選べ。解答番号は　3　。

同じ元素からなる単体で性質の異なる物質どうしを互いに（　A　）という。炭素，酸素，硫黄には（　A　）が存在する。この３種類の元素はすべて（　B　）元素に属し，常温（25℃），1.01×10^5 Pa で単体が気体として存在する物質の元素は，このうち（　C　）種類である。

	A	B	C
①	同素体	非金属	3
②	同素体	金属	3
③	同素体	非金属	1
④	同位体	金属	1
⑤	同位体	非金属	1

問4 次の図は塩化ナトリウムと硝酸カリウムの溶解度(100 g の水に溶ける溶質の最大質量)と温度の関係を表したグラフである。塩化ナトリウムと硝酸カリウムの溶解度について述べた下の文の(A), (B)に当てはまる語句の組合せとして正しいものはどれか。下の①～⑤のうちから一つ選べ。解答番号は 4 。

温度による溶解度の差を利用し, ある物質だけを析出させて分離する方法を(A)という。例えば, 塩化ナトリウム 10 g と硝酸カリウム 90 g の混合物を 60 ℃ の水 100 g に溶かして, 温度を 30 ℃ まで下げると(B)だけが析出する。

	A	B
①	再結晶	硝酸カリウム
②	再結晶	塩化ナトリウム
③	蒸留	硝酸カリウム
④	抽出	塩化ナトリウム
⑤	抽出	硝酸カリウム

2 物質の構成粒子について，問1～問4に答えよ。

問 1 次の図は原子を模式的に表したものである。例は $_2^4$He 原子を表している。$_1^2$H 原子のモデル図として正しいものはどれか。下の①～⑤のうちから一つ選べ。解答番号は 5 。

例 $_2^4$He

陽子を⊕，電子を⊖，中性子を●，K殻を破線で表したものである。

問 2 フッ化物イオン F⁻ と同じ電子配置をもつ原子またはイオンとして正しいものはどれか。次の①～⑤のうちから一つ選べ。解答番号は 6 。

① He ② Li⁺ ③ Ne ④ Cl⁻ ⑤ Ca²⁺

問 3　周期表の概略図において，金属元素を表す領域を灰色 ☐ で塗りつぶした図として正しいものはどれか。次の①〜⑤のうちから一つ選べ。解答番号は 　7　 。

問 4 イオンの生成について述べた次の文の（　A　）〜（　C　）に当てはまる数値や語句の組合せとして正しいものはどれか。下の①〜⑤のうちから一つ選べ。解答番号は 8 。

硫黄原子の価電子の数は（　A　）個であり，電子を2個（　B　），2価の（　C　）イオンになると貴ガス（希ガス）と同じ安定な電子配置になる。

	A	B	C
①	2	放出して	陰
②	2	放出して	陽
③	6	放出して	陰
④	6	受け取って	陽
⑤	6	受け取って	陰

3　物質と化学結合について，問1～問4に答えよ。

問1　イオンからなる物質の組成式について述べた次の文の（　A　）～（　C　）に当てはまる語句や組成式の組合せとして正しいものはどれか。下の①～⑤のうちから一つ選べ。解答番号は　9　。

　　イオンからなる物質は，イオンの種類と，その数の割合を最も簡単な整数比で示した組成式で表される。イオンからなる物質では，正負の電荷がつり合い，全体として電気的に中性になっている。したがって次の関係式が成り立つ。

陽イオンの（　A　）×陽イオンの（　B　）＝陰イオンの（　A　）×陰イオンの（　B　）

　　ここで，Al^{3+} と O^{2-} からなる物質の組成式を考えると，Al^{3+} は3価の陽イオン，O^{2-} は2価の陰イオンであるので，組成式は（　C　）で表される。

	A	B	C
①	価数	数	Al_2O_3
②	電子の数	数	Al_2O_3
③	価数	陽子の数	Al_2O_3
④	価数	数	Al_3O_2
⑤	電子の数	陽子の数	Al_3O_2

令和3年度第2回試験

問2　原子間の1組の共有電子対を1本の線(価標)で表した化学式を構造式という。このとき，各原子から出る線(価標)の数を原子価という。次の分子の構造式を参考にすると，原子と原子価の組合せとして正しいものはどれか。下の①〜⑤のうちから一つ選べ。

解答番号は　10　。

分子	酢酸 CH_3COOH	窒素 N_2	塩化水素 HCl
構造式	H | H－C－C－O－H |　|| H　O	$N \equiv N$	$H－Cl$

	原子	原子価
①	H	2
②	C	4
③	N	1
④	O	1
⑤	Cl	2

問3　金属の単体について述べた文として正しいものはどれか。次の①〜⑤のうちから一つ選べ。解答番号は　11　。

① 引っ張って細長く延ばすことができる性質を展性という。

② たたいて薄く広げることができる性質を延性という。

③ 熱を伝えにくい。

④ 常温(25℃)，1.01×10^5 Pa ですべて固体である。

⑤ 表面でよく光を反射し，特有の光沢(金属光沢)がある。

問 4　分子結晶の性質について述べた文として正しいものはどれか。次の①～⑤のうちから一つ
選べ。解答番号は　12　。

① 一般的にイオン結晶に比べ融点が高い。

② 一般的に共有結合の結晶に比べ硬い。

③ 分子どうしは共有結合でつながっている。

④ ドライアイスなどのように，常温で昇華しやすい物質がある。

⑤ 融解すると電気をよく導くようになる。

4 物質量と化学反応式について，問1〜問4に答えよ。

問 1 下の図において炭素原子 ^{12}C 1個の質量を12とする。この ^{12}C 6個の質量と，ある原子 X 3個の質量が同じであったとき，原子Xの相対質量として正しいものはどれか。下の①〜⑤ のうちから一つ選べ。解答番号は 13 。

① 3　　　　② 6　　　　③ 12　　　　④ 24　　　　⑤ 48

問 2 天然のホウ素には ^{10}B（相対質量 10.0）と ^{11}B（相対質量 11.0）の2種類の同位体が存在する。それぞれの存在比を ^{10}B が 20.0 %，^{11}B が 80.0 % とすると，ホウ素の原子量として正しいものはどれか。次の①〜⑤のうちから一つ選べ。解答番号は 14 。

① 10.0　　② 10.2　　③ 10.5　　④ 10.8　　⑤ 11.0

問 3 次の化学反応式はメタノール CH_4O が完全燃焼したときの反応を表したものである。 （ A ）に当てはまる係数として正しいものはどれか。下の①〜⑤のうちから一つ選べ。 解答番号は 15 。

$$2\,CH_4O + (\ \ A\ \ )\,O_2 \longrightarrow 2\,CO_2 + 4\,H_2O$$

① 1　　　　② 2　　　　③ 3　　　　④ 4　　　　⑤ 5

問 4　ある金属Mと希塩酸を反応させると化学反応式は次のようになる。

$$M + 2\,HCl \longrightarrow MCl_2 + H_2$$

この金属M 24 g を十分な量の希塩酸と完全に反応させると，組成式 MCl_2 で表される物質と，水素が 1.0 mol ずつ生成する。この金属Mとして正しいものはどれか。次の①〜⑤のうちから一つ選べ。解答番号は　16　。

① リチウム Li（原子量 7）
② マグネシウム Mg（原子量 24）
③ アルミニウム Al（原子量 27）
④ 鉄 Fe（原子量 56）
⑤ 銅 Cu（原子量 64）

5 化学反応について，問1～問4に答えよ。

問1 中和滴定について述べた次の文の（ A ）～（ C ）に当てはまる語句や数値の組合せと
して正しいものはどれか。下の①～⑤のうちから一つ選べ。解答番号は 17 。

一定量の濃度のわからない酢酸水溶液に，濃度が正確にわかっている水酸化ナトリウム水
溶液を滴下する。このとき，過不足なく中和するのに必要な水酸化ナトリウム水溶液の滴下
量から酢酸水溶液の濃度を求めることができる。

次の図のような（ A ）とよばれる器具を用いて滴下量を測定する。この器具の目盛りは
一番上が0mLになっており，下に行くにしたがって目盛りの値は増えていく。例えば，滴
下前の目盛りが6.00 mL，滴下後の目盛りが12.00 mLを示していたのであれば，滴下量は
（ B ）mLとなる。

この（ A ）を蒸留水でよく洗った後，内壁が水でぬれた状態で使用した場合と，乾いて
から使用した場合を比べると，過不足なく中和するのに必要な水酸化ナトリウム水溶液の滴
下量は（ C ）。

	A	B	C
①	ビュレット	6.00	異なる
②	ビュレット	6.00	等しい
③	ホールピペット	6.00	異なる
④	ビュレット	12.00	等しい
⑤	ホールピペット	12.00	異なる

問 2　次の表は**塩**とその**塩のもとになった酸，塩基**を示している。各塩を水に溶かした水溶液の

うち酸性を示すものはどれか。次の①～⑤のうちから一つ選べ。解答番号は　18　。

	塩	塩のもとになった酸	塩のもとになった塩基
①	塩化ナトリウム $NaCl$	塩酸(塩化水素)HCl	水酸化ナトリウム $NaOH$
②	塩化アンモニウム NH_4Cl	塩酸(塩化水素)HCl	アンモニア NH_3
③	塩化カルシウム $CaCl_2$	塩酸(塩化水素)HCl	水酸化カルシウム $Ca(OH)_2$
④	酢酸ナトリウム CH_3COONa	酢酸 CH_3COOH	水酸化ナトリウム $NaOH$
⑤	硫酸ナトリウム Na_2SO_4	硫酸 H_2SO_4	水酸化ナトリウム $NaOH$

問 3　金属イオンを含む水溶液に，その金属よりもイオン化傾向の大きい金属を入れると，入れた金属は陽イオンになって溶け出し，水溶液中の金属イオンは金属として析出する。次の水溶液にそれぞれの金属を入れたとき，表面に金属が析出するものとして正しいものはどれか。次の①〜⑤のうちから一つ選べ。解答番号は　19　。

① ──── NaCl 水溶液　Cu

② ──── NaCl 水溶液　Ag

③ ──── CuSO₄ 水溶液　Ag

④ ──── CuSO₄ 水溶液　Fe

⑤ ──── CaCl₂ 水溶液　Cu

※金属のイオン化列

$Li > K > Ca > Na > Mg > Al > Zn > Fe > Ni > Sn > Pb > (H_2) > Cu > Hg > Ag > Pt > Au$

問 4　次の図は，金属単体を電極として用いた電池の構造を模式的に表したものである。この電池について述べた文として正しいものはどれか。下の①～⑤のうちから一つ選べ。解答番号は　20　。

①　電極Aは正極である。

②　電極Aの金属と電極Bの金属とでは，電極Aの金属の方がイオン化傾向が小さい。

③　電極Bでは還元反応が起こる。

④　電極Aと電極Bに同じ金属を用いても必ず電流は流れる。

⑤　電流の向きは図の電子の流れと同じ向きである。

令和３年度　第２回

解答・解説

令和3年度　第2回　高卒認定試験

【　解　答　】

1	解答番号	正答	配点	2	解答番号	正答	配点	3	解答番号	正答	配点	4	解答番号	正答	配点	5	解答番号	正答	配点
問1	1	⑤	5	問1	5	②	5	問1	9	①	5	問1	13	④	5	問1	17	①	5
問2	2	①	5	問2	6	③	5	問2	10	②	5	問2	14	④	5	問2	18	②	5
問3	3	③	5	問3	7	⑤	5	問3	11	⑤	5	問3	15	③	5	問3	19	④	5
問4	4	①	5	問4	8	⑤	5	問4	12	④	5	問4	16	②	5	問4	20	③	5

【　解　説　】

1

問1　着色料は食品を着色します。甘味料は食品に甘みをつけます。保存料は食品中の微生物の増殖を防ぐ役割をします。乳化剤は水と油を混ぜます。食品中の脂質やタンパク質、アミノ酸、色素成分は、酸化劣化の影響を受けやすいです。脂質やアミノ酸は酸化することで特有の悪臭を放ち、色素成分が酸化されると退色します。そのため、食品の鮮度を保つために酸化防止剤を使用します。したがって、正解は⑤となります。

解答番号【1】：5　　⇒ 重要度A

問2　2種類以上の物質が混じり合ってできた物質を混合物といいます。1種類の物質だけでできたものを純物質といいます。乾燥空気は混合物に分類され、窒素が一番多く78％、酸素21％、残りの1％中は多い順にアルゴン＞二酸化炭素＞その他となります。ヘリウムはほとんど含まれていません。したがって、正解は①となります。

解答番号【2】：1　　⇒ 重要度A

問3　同じ元素からなるが、性質の異なる単体を同素体といいます。炭素と酸素と硫黄には同素体が存在します。炭素の同素体はダイヤモンドや黒鉛、フラーレン、カーボンナノチューブです。酸素の同素体はオゾンです。硫黄の同素体は斜方硫黄や単斜硫黄などがあります。これらは非金属元素に属します。電気や熱を導きにくい性質をもちますが、炭素の黒鉛のみ導電性があります。25℃（常温）、1.01×10^5Pa（標準気圧）で気体として存在するのは、酸素だけです。炭素と硫黄は固体です。したがって、正解は③となります。

解答番号【3】：3　　⇒ 重要度A

問4　抽出は、物質の溶媒への溶けやすさの違いを利用して、混合物から目的の物質を適切な溶媒に溶かし出して分離する操作のことをいいます。たとえば、ヨウ素とヨウ化カリウムを含む水溶液からヨウ素を分離するときに用います。蒸留とは、目的の液体を気体に変え、

これを冷却して再び液体として分離する操作のことをいいます。たとえば、塩化ナトリウム水溶液から水を分離するときに用います。図より、温度による溶解度（一定量の水に溶けうる溶質の最大量）の違いを利用していることがわかるので、Aには「再結晶」が入ります。図より、温度60℃での硝酸カリウムの溶解度は約110g、塩化ナトリウムの溶解度は約35gですので、硝酸カリウム90gと塩化ナトリウム10gは60℃の水100gに完全に溶けます。そして、温度30℃での硝酸カリウムの溶解度は約50g、塩化ナトリウムの溶解度は約35gですので、60℃から30℃に温度を下げたとき、硝酸カリウムは40g（90g－50g）溶けることができず結晶として析出します。塩化ナトリウムは、60℃から30℃に温度を下げても溶解度がほぼ変わらず、10gの溶媒は十分溶けることができるため結晶は析出しません。したがって、正解は①となります。

解答番号【4】: 1　　⇒ 重要度A

2

問1　原子の構成表示（${}^4_2\text{He}$や${}^2_1\text{H}$）の左上の数字は、質量数（＝陽子の数＋中性子の数）を表し、左下の数字は原子番号（＝陽子の数＝電子の数）を表しています。${}^2_1\text{H}$は原子番号が1なので、陽子の数と電子の数は1つです。質量数が2なので、中性子の数は質量数－原子番号＝2－1＝1となります。中性子が1つ、陽子が1つ、電子が1つのモデル図を選びます。したがって、正解は②となります。

解答番号【5】: 2　　⇒ 重要度A

問2　各電子殻への電子の配分のされ方を電子配置といいます。フッ素Fはし殻に7つの電子が配置されています。原子は、電気的に中性であり、電子を1つ受け取ると陰イオンになります。フッ化物イオンF^-はフッ素原子より電子が1つ多いので、L殻に8つの電子が配置されています。①のHeはK殻に電子が1つです。②のリチウムイオンLi^+は、Li原子のL殻の電子を1つ失って陽イオンになっています。よって、K殻に電子が2つです。③のネオンNe原子は、L殻に電子が8つあります。塩素Clは、L殻8つ、M殻に電子が7つあります。④の塩化物イオンCl^-は、陰イオンなのでCl原子に電子が1つ加わるため、M殻に8つの電子があります。⑤のカルシウムCaはL殻に8つ、M殻に8つ、N殻に2つの電子があります。陽イオンであるカルシウムイオンCa^{2+}はN殻の電子2つが失われ、0の電子配置となります。したがって、正解は③となります。

解答番号【6】: 3　　⇒ 重要度C

問3　金属元素は元素の約8割を占めます。①は金属元素のうち典型元素を示します。②は典型元素を示します。③は金属元素中の遷移元素を示します。④は非金属元素中の典型元素を示します。⑤は金属元素を示します。したがって、正解は⑤となります。

解答番号【7】: 5　　⇒ 重要度A

問4　硫黄原子はM殻に6つの価電子をもちます。あと2つ電子を受け取ると、M殻は最大の原子が収容された閉殻になります。最外殻が閉殻になると、ほかの原子と反応しにくい貴ガス（希ガス）と同じ安定した電子配置になります。電子を2つ受け取ると、2価の陰イオンとなります。したがって、正解は⑤となります。

解答番号【8】: 5　　⇒ 重要度B

3

問1　陽イオンと陰イオンからできるイオン結合した物質は、構成イオンの種類とその数の割合を最も簡単な整数式で示した組成式で表されます。文中にあるように、イオン結合によりできた物質は、陽イオンの正電荷の総量と陰イオンの負電荷の総量が等しく中性です。酸化アルミニウムで考えてみると、アルミニウムイオン Al^{3+} は Al より3つ電子を失って陽イオンになっているので価数は3価です。酸化物イオン O^{2-} は Al が2電子を受け取って陰イオンになっているので価数は2価です。全体として中性になるので、陽イオンの価数×陽イオンの数 x ＝陰イオンの価数×陰イオンの数 y という等式が成り立ちます。$3×x＝2×y$ となります。これより、陽イオンと陰イオンの整数比は、x：y＝2：3となります。Al が2つ、O が3つからなるイオン結合の組成式を考えればよいので、Al_2O_3 となります。したがって、正解は①となります。

解答番号【9】：1　　⇒ 重要度B

問2　構造式において、1つの原子より出ている価標の数が原子価です。設問中の酢酸や塩化水素の構造式を見てみると、H から出ている価標の数は1本です。酢酸の構造式より、炭素から出ている価標の数は4本です。窒素分子の構造式より、窒素から出ている価標は3本です。酢酸の構造式より、酸素の価標の数は2本です。塩化水素の構造式より、塩素の価標は1本です。したがって、正解は②となります。

解答番号【10】：2　　⇒ 重要度A

問3　金属において、引っ張って細長く伸ばすことができる性質を延性といいます。叩いて薄く広げることができる性質を展性といいます。自由電子が熱を伝えるため、金属は熱を伝えやすいです。融点（固体から液体になる温度）は、水銀 Hg のように低いもの（－39℃）からタングステン W のように高いもの（3410℃）まであります。常温ですべて固体とは限りません。金属は、その自由電子が可視光である電磁波を反射するために光沢を示す性質があります。したがって、⑤が正解となります。

解答番号【11】：5　　⇒ 重要度A

問4　多数の分子が分子間にはたらく弱い引力（分子間力）によって集合し、規則正しく配列されてできた固体を分子結晶といいます。弱い力の結合のため、融点が低く、外力に対して弱いです。イオン結晶は、結合力が比較的強いイオン結合によりできているため、融点は分子結晶より高いです。共有結合による結晶は、強い結合力によるものなので外力に対し非常に硬い性質をもっています。共有結合はイオン結合より硬いです。イオン結晶には融解して生じた液体や水溶液中ではイオンが動けるようになるため電気伝導性がありますが、分子結晶にはありません。ドライアイスは二酸化炭素の分子結晶です。昇華とは固体が液体を経ずに直接気体になる変化のことをいいます。固体のドライアイスは常温で液体を経ずに気体となります。したがって、正解は④となります。

解答番号【12】：4　　⇒ 重要度A

4

問1　相対質量とは、基準とする原子を定め、その原子1個に対する相対的な値のことをいい

ます。この設問では、炭素原子の質量を 12 と定めています。相対質量は質量の比なので単位はつけません。炭素原子 6 個の質量とある原子 X（相対質量を Y とします）の 3 個の質量が等しいとあるので、炭素原子と原子 X の質量 Y の関係は、$12 \times 6 = Y \times 3$ となります。よって、Y = 24 となります。したがって、正解は④となります。

解答番号【13】：4　　⇒　重要度 A

問 2　原子番号が同じで、質量数の異なる原子を互いに同位体（アイソトープ）といいます。同位体の天然存在比から同位体の相対質量の平均値を求めます。それが原子量です。ホウ素 B の場合、相対質量の平均値（原子量）は 10（^{10}B の相対質量）× 0.2（^{10}B の天然存在比）+ 11（^{11}B の相対質量）× 0.8（^{11}B の天然存在比）= 10.8 となります。したがって、正解は④となります。

解答番号【14】：4　　⇒　重要度 B

問 3　メタノールは有機物なので、完全燃焼すると二酸化炭素と水が生じます。反応物の化学式を左辺に、生成物の化学式を右辺に記します。左辺と右辺で原子の種類と数が等しくなるように最も簡単な整数比で化学式の前に係数をつけます。よって、左辺の酸素の数＝右辺の酸素の数で式をつくると、$(2 \times 1 + A \times 2) = (2 \times 2 + 4 \times 1)$ となり、$(2 + 2 \times A) = 8$ となります。これを解くと、A に入る整数は 3 となります。したがって、正解は③となります。

解答番号【15】：3　　⇒　重要度 A

問 4　金属 M と塩酸（HCl）を反応させて水素 H_2 が発生しているので、金属 M は水素 H_2 よりイオン化傾向が大きい金属とわかります。よって、⑤の銅（Cu）は誤りです。次に、金属イオンの価数に注目します。M が①の Li だとすると、Li は 1 価のイオンなので Li^+、塩化物イオンは 1 価なので Cl^- です。よって、$2Li + 2HCl = 2LiCl + H_2$ となります。③のアルミニウムでは、Al は 3 価のイオンなので、塩化アルミニウムイオンは、$AlCl_3$ となります。塩酸との化学反応式は、$2Al + 6HCl \rightarrow 2AlCl_3 + 3H_2$ となります。①と③は、問題文中の化学反応式右辺と原子の数が合いません。②のマグネシウムと④の鉄は、両方とも 2 価のイオンです。化学反応式は、$Mg + 2HCl \rightarrow MgCl_2 + H_2$、$Fe + 2HCl \rightarrow FeCl_2 + H_2$ となります。ここでの原子量とは相対質量の平均値です。原子を 1 mol 集めると、原子量と同じ値の質量になります。つまり、1 mol の質量は原子量に g をつけたものです。原子量比は化学反応の量的関係比と等しくなります。問題文中に金属 M24g と十分な塩酸を反応させるとあります。②のマグネシウムは原子量が 24 なので、マグネシウム 24g と十分反応させる塩酸 HCl は、化学反応式より $(1 + 17) \times 2 = 36$g 必要となり、この反応により生成する塩化マグネシウムは、$24 + 17 \times 2 = 58$g、水素は 2 g（1 mol）となります。④の Fe では、原子番号が 56 なので Fe24g を反応させる十分な塩酸は $(1 + 17) \times 2 \times \dfrac{24}{56}$ g となります。生成される水素は、$2 \times \dfrac{24}{56}$ g となるので、1 mol ではありません。したがって、正解は②となります。

解答番号【16】：2　　⇒　重要度 C

5

問1　ホールピペットとは一定の体積を正確に測り取るものです。片側に口などをつけて試薬を標線まで吸い上げます。ビュレットとは、試薬を入れ、それを滴下していくものです。滴下した溶液の体積を正確に測るものです。中和滴定で使用するのはビュレットです。滴下前の目盛りが 6.00ml、滴下後の目盛りが 12.00ml の場合、滴下量は、12.00ml － 6.00ml ＝ 6.00ml です。どちらも内部が水で濡れていると、中に入れる水溶液の濃度が低くなります。使用する水溶液で内部を数回洗って（共洗い）、滴定に用いるようにしなければ正確な値を滴定することができません。したがって、正解は①となります。

解答番号【17】：1　　⇒ 重要度B

問2　中和において生じる化合物を塩といいます。塩をつくる酸と塩基の組み合わせから、塩の水溶液の性質（液性）がわかります。もとになる酸と塩基の組み合わせが、強酸＋強塩基の場合は水溶液は中性に、強酸＋弱塩基の場合は水溶液は酸性に、弱酸と強塩基の場合は水溶液は塩基性になります。塩酸は強酸、酢酸は弱酸、水酸化ナトリウムは強塩基、アンモニアは弱塩基です。水溶液が酸性になるのは、強酸＋弱塩基の組み合わせなので、ここでは塩酸とアンモニアとなります。したがって、正解は②となります。

解答番号【18】：2　　⇒ 重要度B

問3　水溶液中で金属が陽イオンになろうとする性質を金属のイオン化傾向といいます。イオン化傾向の大きい金属のほうがよりイオンになりやすいです。このとき、陽イオンになった金属は、電子を放出し（酸化）、電子を受け取った（還元した）金属イオンが分子となり析出します。つまり、金属のほうが水溶液中の金属よりイオン化傾向が大きくなると、金属がイオン化され、放出された電子と水溶液中の陽イオンがくっつき、金属の表面に別の金属が析出します。選択肢の水溶液中の金属と金属のイオン化傾向を比べた場合、水溶液中の金属イオンより金属のほうがイオン化傾向が大きいのは④のみです。水溶液中で Fe は電子を失って陽イオンになり溶液中に電子を放出し、水溶液中の Cu^{2+} イオンが電子を受け取り、Cu となり銅が析出されます。したがって、正解は④となります。

解答番号【19】：4　　⇒ 重要度B

問4　酸化還元反応を利用して、化学エネルギーを電気エネルギーに変換する装置を化学電池といいます。電解質水溶液に、イオン化傾向の異なる2種類の金属AとBを浸し、導線で結ぶと電流が流れます。よって、④は誤りです。イオン化傾向の大きい金属が陽イオンとなり、電子を放出し、もう一方の金属の表面で水溶液中の陽イオンが電子を受け取ります。よって、電子の流れより、Aがイオン化していますので、イオン化傾向A＞Bという関係があることがわかります。よって、②は誤りです。また、電子の移動方向と電流の向きは逆です。電子が流れる電極は負極、電子が流れ込む電極は正極です。よって、①と⑤は誤りです。金属板Aは電子を放出しているので酸化反応です。金属板Bが電子を受け取るので還元反応が起こっています。したがって、正解は③となります。

解答番号【20】：3　　⇒ 重要度B

令和３年度 第１回 高卒認定試験

化学基礎

解答時間　50分

化 学 基 礎

$$\left(\text{解答番号}\ \boxed{1}\ \sim\ \boxed{20}\ \right)$$

1 化学と人間生活について，問1～問4に答えよ。

問 1 次のア～ウの文と関連の深い金属の組合せとして正しいものはどれか。下の①～⑤のうち
から一つ選べ。解答番号は 1 。

ア 金属の中でも特に電気をよく通し，電線や10円硬貨などに使われている。

イ さびて腐食しやすいという欠点があるが，クロムやニッケルを加えて合金とすることで
さびにくくすることができる。自動車の車体や鉄道のレールなどに使われている。

ウ 銀白色で，金属としてはやわらかく加工しやすい。この金属を主成分とした合金には
ジュラルミンとよばれるものがあり，軽くて強いため飛行機の機体などに使われている。

	ア	イ	ウ
①	鉄	銅	アルミニウム
②	アルミニウム	鉄	銅
③	鉄	アルミニウム	銅
④	銅	鉄	アルミニウム
⑤	銅	アルミニウム	鉄

令和3年度第1回試験

問 2　次の文の（　A　），（　B　）に当てはまる語句の組合せとして正しいものはどれか。下の
①～⑤のうちから一つ選べ。解答番号は　2　。

　　非常にかたく宝石として利用されている（　A　）と，やわらかく鉛筆の芯の材料として
利用されている黒鉛は，いずれも炭素からなる単体で，互いに（　B　）という。

	A	B
①	鉛	同素体
②	ダイヤモンド	同位体
③	ダイヤモンド	同族元素
④	ダイヤモンド	同素体
⑤	鉛	同位体

問 3　次の図のようにして白金線に水溶液をつけ，ガスバーナーの炎（外炎）の中に入れて，炎色
反応を調べる実験を行った。水溶液A～Cに含まれる物質の組合せとして正しいものはどれ
か。下の①～⑤のうちから一つ選べ。解答番号は　3　。

水溶液A　青緑色の炎色反応を示した。
水溶液B　炎色反応を示さなかった。
水溶液C　橙赤色の炎色反応を示した。

	水溶液A	水溶液B	水溶液C
①	塩化銅（Ⅱ）	塩化カルシウム	塩化マグネシウム
②	塩化銅（Ⅱ）	塩化マグネシウム	塩化カルシウム
③	塩化カルシウム	塩化銅（Ⅱ）	塩化マグネシウム
④	塩化マグネシウム	塩化銅（Ⅱ）	塩化カルシウム
⑤	塩化カルシウム	塩化マグネシウム	塩化銅（Ⅱ）

問 4 **ろ過**，**分留（分別蒸留）**，**再結晶**について，分離ができるそれぞれの原理の組合せとして正しいものはどれか。次の①〜⑤のうちから一つ選べ。解答番号は　4　。

	ろ過	分留（分別蒸留）	再結晶
①	液体とその液体に溶けない固体の違い	温度による溶解度の差	沸点の差
②	成分物質の昇華性の違い	温度による溶解度の差	沸点の差
③	液体とその液体に溶けない固体の違い	沸点の差	成分物質の昇華性の違い
④	成分物質の昇華性の違い	沸点の差	温度による溶解度の差
⑤	液体とその液体に溶けない固体の違い	沸点の差	温度による溶解度の差

2 物質の構成粒子について，問1〜問4に答えよ。

問1 次の太郎先生と花子さんの二人の会話中の（ A ）〜（ C ）に当てはまる語句の組合せ
として正しいものはどれか。下の①〜⑤のうちから一つ選べ。解答番号は 5 。

花子さん：「太郎先生。日本でつくることに成功した元素があるとニュースで聞いたんです
けど，それは本当ですか。」

太郎先生：「それはきっと『ニホニウム』のことですね。ニホニウムは，元素記号がNhで原
子番号が113の元素です。日本の研究チームに元素名と元素記号の命名権が与
えられました。」

花子さん：「原子番号が113と話されましたが，どのようにつけられた番号なんですか。」

太郎先生：「原子番号は，各元素の原子がもっている（ A ）の数を示したものです。つま
り，ニホニウムは原子1個の中に（ A ）を113個もつ元素ということです。
また，原子番号の順に元素を左上から並べた表を周期表といい，縦の列を
（ B ）といいます。」

花子さん：「同じ縦の列に含まれる元素どうしには，何か共通点がありますか。」

太郎先生：「典型元素においては，同じ縦の列に含まれる元素の原子がもっている（ C ）
の数が同じで，そのため化学的性質が似ています。例えば，リチウムとナトリ
ウムは1価の陽イオンになりやすいです。」

花子さん：「そうなんですね。今度，他の元素の性質も比べてみます。」

	A	B	C
①	陽子	族	価電子
②	陽子	族	中性子
③	陽子	周期	中性子
④	中性子	周期	価電子
⑤	中性子	族	価電子

問2 原子番号が19で中性子の数が20のカリウムの表記として正しいものはどれか。次の
①〜⑤のうちから一つ選べ。解答番号は 6 。

① $_{19}^{20}\mathrm{K}$　　　② $_{19}^{20}\mathrm{Ca}$　　　③ $_{19}^{39}\mathrm{K}$　　　④ $_{19}^{39}\mathrm{Ca}$　　　⑤ $_{39}^{19}\mathrm{K}$

問 3　次の表は原子の電子殻とその電子殻に収容される電子の最大の個数を示したものである。

内側から n 番目の電子殻に収容される電子の最大の個数を表す式として正しいものはどれ

か。下の①〜⑤のうちから一つ選べ。解答番号は　7　。

電子殻	収容される電子の最大の個数
K殻 (n = 1)	2 個
L殻 (n = 2)	8 個
M殻 (n = 3)	18 個
N殻 (n = 4)	32 個

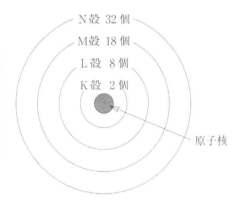

①　n　　　　　②　2n　　　　　③　$\dfrac{1}{n}$　　　　　④　$2n^2$　　　　　⑤　n ＋ 1

問 4　アルカリ金属であるナトリウム Na の単体について，次のア，イの実験を行った。その結
果から考えられるナトリウムの単体を保存する方法として最も適当なものはどれか。下の
①〜⑤のうちから一つ選べ。解答番号は　8　。

ア　乾燥した空気中に放置したら，表面が酸化された。

イ　水でぬらしたろ紙の上に置いたら，激しく反応した。

①　紙に包んで保存する。

②　水を満たしたビンの中で保存する。

③　ふたをせずにビンの中で保存する。

④　酸素を満たしたビンの中で保存する。

⑤　灯油を満たしたビンの中で保存する。

3 物質と化学結合について、問1〜問4に答えよ。

問1 イオン結合でできた**物質**とその**特徴・利用や用途**の組合せとして正しいものはどれか。次の①〜⑤のうちから一つ選べ。解答番号は 9 。

	物質	特徴・利用や用途
①	炭酸カルシウム	水溶液は石灰水といい、二酸化炭素の検出に利用される。
②	塩化カルシウム	貝殻や卵の殻の主成分で、チョークの原料として利用される。
③	塩化ナトリウム	貝殻や卵の殻の主成分で、チョークの原料として利用される。
④	塩化カルシウム	水溶液は石灰水といい、二酸化炭素の検出に利用される。
⑤	炭酸カルシウム	貝殻や卵の殻の主成分で、チョークの原料として利用される。

問2 二重結合を含む分子はどれか。次の①〜⑤のうちから一つ選べ。解答番号は 10 。

① 水 H_2O

② メタン CH_4

③ 二酸化炭素 CO_2

④ 窒素 N_2

⑤ 塩化水素 HCl

問3 次の5つの物質の結晶で、電気を通すものは全部でいくつあるか。下の①〜⑤のうちから一つ選べ。解答番号は 11 。

塩化ナトリウム　　　銅　　　黒鉛　　　ドライアイス　　　ダイヤモンド

① 1つ　　　② 2つ　　　③ 3つ　　　④ 4つ　　　⑤ 5つ

問 4　金属結晶について述べた次の文の（　A　）～（　C　）に当てはまる語句の組合せとして正しいものはどれか。下の①～⑤のうちから一つ選べ。解答番号は　12　。

結晶内の金属原子の価電子はもとの原子に固定されず，金属内を自由に動くことができる。このような電子を（　A　）という。この（　A　）によって，外部から強い力を加えることにより原子の配列が変化しても結合が保たれる。そのことにより，（　B　）とよばれる金箔のように薄くひろげられる性質や，（　C　）とよばれる針金のように引き延ばせる性質を示す。

	A	B	C
①	不対電子	展性	極性
②	自由電子	延性	展性
③	不対電子	極性	延性
④	自由電子	極性	展性
⑤	自由電子	展性	延性

4 物質量と化学反応式について，問1〜問4に答えよ。

問1 1.0 mol の質量が同じ物質の組合せとして正しいものはどれか。次の①〜⑤のうちから
一つ選べ。ただし，原子量は H＝1.0，C＝12，O＝16 とする。解答番号は 13 。

① C_2H_6 と CH_2O

② CH_4O と C_2H_6

③ CH_2O と C_2H_4

④ C_2H_4 と CH_4O

⑤ C_2H_4 と C_2H_6

問2 1.0 mol の塩化カルシウム $CaCl_2$ に含まれる塩化物イオン Cl^- の物質量はどれか。次の
①〜⑤のうちから一つ選べ。解答番号は 14 。

① 0.33 mol ② 0.67 mol ③ 1.0 mol ④ 2.0 mol ⑤ 3.0 mol

問3 次の化学反応式の（ A ），（ B ）に当てはまる係数の組合せとして正しいものはどれ
か。下の①〜⑤のうちから一つ選べ。解答番号は 15 。

$$C_2H_4 + (\ A\ )O_2 \longrightarrow (\ B\ )CO_2 + 2H_2O$$

	A	B
①	2	1
②	3	2
③	3	3
④	4	1
⑤	6	2

問 4 ビーカーに入れたショ糖2.0 gに，水98 gを加えて水溶液をつくった。この水溶液の
質量パーセント濃度はどれか。次の①〜⑤のうちから一つ選べ。解答番号は 16 。

① 0.020 %　　② 0.050 %　　③ 2.0 %　　④ 5.0 %　　⑤ 20 %

5 化学反応について，問1〜問4に答えよ。

問 1 次のグラフは，濃度不明の酢酸水溶液 10 mL を 0. 10 mol/L 水酸化ナトリウム水溶液で滴定したときの滴定曲線である。中和点を知るための指示薬として適切なものを A 〜 C の中からすべて選ぶとき正しいものはどれか。下の①〜⑤のうちから一つ選べ。

解答番号は 17 。

滴下した水酸化ナトリウム水溶液の体積

A フェノールフタレイン(変色域 pH 8. 0 〜 9. 8)

B メチルオレンジ(変色域 pH 3. 1 〜 4. 4)

C メチルレッド(変色域 pH 4. 2 〜 6. 2)

① A のみ　　② B のみ　　③ C のみ　　④ A と B　　⑤ B と C

問 2 うすい水溶液中で2価の強酸に分類される物質はどれか。次の①〜⑤のうちから一つ選べ。解答番号は 18 。

① 塩化水素 HCl

② 酢酸 CH_3COOH

③ 硫酸 H_2SO_4

④ アンモニア NH_3

⑤ 水酸化カルシウム $Ca(OH)_2$

問3 次の文の（ A ），（ B ）に当てはまる語句の組合せとして正しいものはどれか。下の①～⑤のうちから一つ選べ。解答番号は 19 。

　　鉄は日常生活で非常に多く使用されている金属であるが，（ A ）されやすい。そこで鉄の表面を別の金属で覆(おお)うことにより（ A ）を防ぐめっきという方法がある。鉄の表面を亜鉛の薄膜でめっきしたものを（ B ）といい，屋根などに利用されている。

	A	B
①	酸化	アルミナ
②	酸化	トタン
③	還元	アルミナ
④	還元	トタン
⑤	中和	アルミナ

問4 下線部の原子1個の酸化数が +2 であるものはどれか。次の①～⑤のうちから一つ選べ。解答番号は 20 。

① $\underline{Cu}O$　　② $\underline{O}_2$　　③ $\underline{H}_2O$　　④ $\underline{Fe}^{3+}$　　⑤ $\underline{S}O_4{}^{2-}$

令和３年度　第１回

解答・解説

令和 3 年度　第 1 回　高卒認定試験

【　解　答　】

1	解答番号	正答	配点	2	解答番号	正答	配点	3	解答番号	正答	配点	4	解答番号	正答	配点	5	解答番号	正答	配点
問 1	1	④	5	問 1	5	①	5	問 1	9	⑤	5	問 1	13	①	5	問 1	17	①	5
問 2	2	④	5	問 2	6	③	5	問 2	10	③	5	問 2	14	④	5	問 2	18	③	5
問 3	3	②	5	問 3	7	④	5	問 3	11	②	5	問 3	15	②	5	問 3	19	②	5
問 4	4	⑤	5	問 4	8	⑤	5	問 4	12	⑤	5	問 4	16	③	5	問 4	20	①	5

【　解　説　】

1

問 1　アの銅は銀に次いで電気や熱をよく伝えます。そのため、電線に使われています。また、1 円硬貨以外の硬貨の材料としても使用されています。イの鉄は、湿った空気中で酸化されやすく酸素や水と反応して、表面に赤褐色のさびを生じます。クロム、ニッケル、鉄の合金はステンレス鋼と呼ばれています。腐食に耐性のある合金です。流し台や包丁などに用いられています。ウのジュラルミンは、アルミニウムを主成分とし、銅・マグネシウム・マンガンを加えてつくられる合金です。銀白色で軽く柔らかく展性に優れているのはアルミニウムです。したがって、正解は④となります。

解答番号【1】: 4　　⇒ 重要度A

問 2　同じ元素からなるが、性質の異なる単体を同素体といいます。炭素の同素体は、ダイヤモンド、鉛筆の芯である黒鉛があります。そのほかに、フラーレンやカーボンナノチューブもあり、これらは半導体や太陽電池の材料として期待されています。したがって、正解は④となります。

解答番号【2】: 4　　⇒ 重要度A

問 3　物質を炎の中に入れたとき、その成分元素に特有の発色を見られる現象を炎色反応といいます。炎の熱で金属中の電子がエネルギーの低い状態から高い状態に高められます。しかし、エネルギーが高い状態というのは安定しないため、すぐに低い状態に戻ってしまいます。このとき、余分なエネルギーが光として放出されます。このエネルギーがちょうど可視光線の波長のとき、炎色反応が見られます。可視光線以外のとき、炎の色は見えません。これは元素により異なります。主な炎色反応は、Li 赤・Na 黄・K 紫・Cu 緑・Ca 橙・Sr 紅・Ba 黄緑です。水溶液Aは青緑色の炎なので銅、水溶液Cは橙赤色の炎なのでカルシウムです。水溶液Bは炎色反応を示しません。炎色反応を示さない金属はマグネシウムです。したがって、正解は②となります。

解答番号【3】: 2　　⇒ 重要度B

問4　ろ過とは、水などの液体とそれに溶けない固体の混合物をろ紙などを用いて分離する操作のことです。分留とは、液体どうしの混合物を加熱して目的の液体を気体に変え、これを冷却して再び液体として分離する操作のことです。再結晶とは、物質の溶解度（ある水に溶けうる溶質の最大量）が温度によって異なることを利用して、固体に含まれる少量の不純物を取り除き、より純粋な物質を得る操作のことです。したがって、正解は⑤となります。

解答番号【4】：5　　⇒ **重要度A**

2

問1　ニホニウム Nh は 2016 年に理化学研究所により発表されました。原子番号 113 の元素です。新元素合成には原子核どうしの反発に打ち勝って合体させねばなりません。反発力が最小限になるような原子どうしの組み合わせとして亜鉛 Zn（原子番号 30）とビスマス Bi（原子番号 83）が選ばれました。その原子核を光速の 10% まで加速し衝突させて新元素を合成しました。それぞれの原子番号を足すと 30 ＋ 83 ＝ 113 とニホニウムの原子番号になります。原子番号とは陽子の数を表しています。つまり、ニホニウムは原子1個のなかに陽子を 113 個もっています。周期表の縦の列を族といい、横の列を周期といいます。同じ族の元素を同族元素といい、価電子の数（最外殻電子の数）が同じです。これらは互いに化学的性質が似ていることが多いです。そのなかでも、とくに性質がよく似ている同族元素はリチウムやナトリウムなどのアルカリ金属やハロゲンなどと名称が付けられています。したがって、正解は①となります。

解答番号【5】：1　　⇒ **重要度A**

問2　カリウムの元素記号は K です。Ca はカルシウムです。原子番号と陽子の数は等しいです。原子番号は元素記号の左下に記されます。問題文中より、原子番号は 19 ですので選択肢は①～④に絞られます。質量数は陽子の数＋中性子の数となり、元素記号の左上に記されます。質量数は、陽子の数 19 ＋中性子の数 20 ＝ 39 となります。したがって、正解は③となります。

解答番号【6】：3　　⇒ **重要度A**

問3　電子殻に収容できる電子の最大個数は、表より $n ＝ 1$ のとき 2 、$n ＝ 2$ のとき 8 ……とわかります。これを選択肢の一般式に当てはめていきます。まず、K 殻の $n ＝ 1$ を代入します。選択肢①は $n ＝ 1$、②は $2 × 1 ＝ 2$、③は $\frac{1}{n} ＝ \frac{1}{2}$、④は $2n^2 ＝ 2 × 1^2 ＝ 2$、⑤は $n ＋ 1 ＝ 2$ となります。これらより電子の最大個数が 2 になるのは②・④・⑤とわかります。次に、②・④・⑤に L 殻の $n ＝ 2$ を代入します。②は $2n ＝ 2 × 2 ＝ 4$、④は $2n^2 ＝ 2 × 2^2 ＝ 8$、⑤は $n ＋ 1 ＝ 2 ＋ 1 ＝ 3$ となります。$n ＝ 2$ のとき、電子の最大個数が 8 になるのは④のみです。つまり、内側から n 番目の電子殻に収容される電子の最大数は $2n^2$ です。したがって、正解は④となります。

解答番号【7】：4　　⇒ **重要度B**

問4　アルカリ金属であるナトリウム Na の単体は、アとイの実験結果より、水や空気中の酸素と容易に反応することがわかります。つまり、強い還元作用を示します。これは、アル

カリ金属が価電子を1個もち、イオン化エネルギーが小さく、価電子を1個放出して1価の陽イオンになりやすいという特徴をもっているためです。そのため、空気中の水や酸素に触れないように灯油中に保存する必要があります。したがって、正解は⑤となります。

解答番号【8】：5 ⇒ 重要度A

3

問1 イオン結合とは、陽イオンと陰イオンの間に静電気力（クーロン力）によって生じる結合のことです。陽性の強い金属イオンと陰性の強い非金属元素のイオンとの間に生じやすい結合です。硬いが割れやすいという性質があります。選択肢はすべてイオン結合です。②と④の塩化カルシウム（$CaCl_2$）は、吸湿性が極めて強いため乾燥剤や除湿剤に用いられます。また、電離すると粒子の数が3倍になるため、凝固点降下（たとえば、食塩水が0度以下で凝固すること）を利用して道路の凍結防止剤としても用いられます。③の塩化ナトリウム（NaCl）は調味料として使われている塩です。二酸化炭素の検出に用いられる石灰水は、水酸化カルシウム（$Ca(OH)_2$）の飽和水溶液です。粉末は消石灰とも呼ばれています。①と⑤の炭酸カルシウム（$CaCO_3$）は、チョークやセメント、歯磨き粉などに利用されています。貝殻や卵の殻、大理石、石灰石の主成分です。したがって、正解は⑤となります。

解答番号【9】：5 ⇒ 重要度B

問2 いくつかの原子が結びついたものを分子といいます。このとき、原子は電子を共有することにより結合します。これを共有結合といいます。このときの結びつきの手を価標といいます。この価標の本数は原子により決まっています。水素は1本、酸素は2本、窒素は3本、炭素は4本です。1組の電子（価標）で共有されているものを単結合といい、2組の電子（価標）で共有されているものを二重結合といいます。構造式を描いて考えるとわかりやすいです。①の水は、水素2つと酸素1つが結びついています。水素の手は1つで酸素の手は2つなので、これらは単結合です。②のメタンは、炭素1つと水素4つが結びついています。炭素は4つ価標を出しますので、それぞれの手に水素から出る価標1つと結びついています。よって、単結合です。③の二酸化炭素は、酸素2つと炭素1つの結合です。酸素の価標は2で炭素の価標は4なので、1つの酸素と炭素は2つの手でつながっています。よって、二重結合です。④の窒素は、2つの窒素からそれぞれ3つの価標が出て結びついているので三重結合です。⑤の塩化水素は、水素と塩素それぞれ1つの価標が結びついているので単結合です。したがって、正解は③となります。

解答番号【10】：3 ⇒ 重要度B

問3 電気を通すのは一般的に自由電子が電気を伝える金属結合の物質です。塩化ナトリウムはイオン結合、銅は金属結合、ドライアイス（二酸化炭素）は分子結合、ダイヤモンド（炭素）は共有結合です。黒鉛は共有結合です。一般的な共有結合は、電気伝導性はよくないのですが、黒鉛の場合は最外殻の4個の価電子のうち3個を使って正六角形が連なった平面構造をつくり残り1個の価電子が平面構造内を移動することができます。平面構造どうしは分子間力で弱く結合して層状に連なっています。これにより、黒鉛には電気が通ります。同じ炭素の同素体であるダイヤモンドやフラーレンやカーボンナノチューブは共有結合ですが、電気を導きません。よって、電気が通るのは銅と黒鉛の2つです。したがって、正解は②となります。

解答番号【11】： 2 　　⇒ 重要度A

問4　原子に固定されず金属内を自由に動き回ることができる電子を自由電子といいます。外力によって原子の位置がずれても、自由電子によって金属結合が保たれるため、金属は割れずに変形することができます。不対電子とは、原子を電子式で表したとき、最外殻電子が対にならない電子のことです。金箔のように薄く広げられる性質を展性といいます。また、針金のように細く引き延ばせる性質を延性といいます。金属のなかでは、金が最も展性と延性に優れています。金1gは、厚さ100nmの箔に、約3000mの線にできます。したがって、正解は⑤となります。

解答番号【12】： 5 　　⇒ 重要度A

4

問1　1molとは、$6.02 × 10^{23}$個の構成粒子の集団のことです。この数は炭素原子Cが質量12gあるときの原子の数です。炭素原子の原子量は12なので、これを基準に考えると、その他の原子の質量は原子量と等しくなります。分子の質量も同じように考えることができます。1molの分子の質量は分子量と等しくなります。分子量とは、分子式に基づいて、構成元素の原子量の総和により求められます。C_2H_6（エタン）を考えます。原子量は、C＝12、H＝1なので、C_2H_6＝12×2＋1×6＝30となります。CH_2O（ホルムアルデヒド）は、CH_2O＝12×1＋1×2＋16×1＝30となります。どちらも質量は1molあたり30gで同じです。エタンは天然ガスの成分です。ホルムアルデヒドの水溶液は防腐作用があるホルマリンです。C_2H_4（エチレン）は12×2＋1×4＝28、CH_4O（メタノール）は12×1＋1×4＋16＝32となります。エチレンは植物ホルモンであり、果実を成熟させる作用があります。メタノールはアルコールランプの燃料として使われています。これらのような炭素を骨格とした化合物は有機化合物と呼ばれています。したがって、正解は①となります。

解答番号【13】： 1 　　⇒ 重要度A

問2　イオンの物質量はそのイオン式の中の原子量の総和で求められます。イオンは電子の数の増減があります。しかし、電子の質量は原子の質量に対して極めて小さいため無視できます。よって、イオンの質量は原子の質量と等しいと考えることができます。塩化物カルシウム$CaCl_2$は、Ca^{2+}1つとCl^-2つが結合して$CaCl_2$が1つできています。つまり、物質量の比は$CaCl_2$：CA^{2+}：Cl^-＝1：1：2となります。よって、1molの$CaCl_2$は、1molのCa^{2+}と2molのCl^-から成り立ちます。したがって、正解は④となります。

解答番号【14】： 4 　　⇒ 重要度B

問3　化学反応式の係数は、左辺と右辺で原子の種類と数が等しくなるように、最も簡単な整数比で考えていきます。設問の化学反応式を見ていきます。右辺の酸素Oの数は、CO_2の2個とH_2Oの1個より、（B）×2＋2×1です。左辺の酸素Oの数は2個なので、（A）×2です。つまり、2×（A）＝2×（B）＋2が成り立つ最も簡単な整数比を考えると、A＝3、B＝2となります。したがって、正解は②となります。

解答番号【15】： 2 　　⇒ 重要度A

問4　質量パーセント濃度＝｛溶質の質量／（溶媒の質量＋溶質の質量）｝×100で求めることができます。溶かしている液体を溶媒、溶けている物質を溶質といいます。溶質が2.0g、溶媒が98gなので、この水溶液の濃度は$\frac{2.0}{98+2.0} \times 100 = 0.2\%$となります。したがって、正解は③となります。

解答番号【16】：3　　⇒ 重要度A

5

問1　グラフでは、滴下した水酸化ナトリウムの体積10mL付近で、中和滴定曲線はほぼ垂直になっています。この部分が酸性から塩基性に切り替わる中和点となります。この垂直部分に変色域が含まれる指示薬を加えて滴定を行うと、水溶液の色の変化から中和点を知ることができます。グラフの中和点付近(NaOH＝10mL)でのpHは7〜10付近です。この変色域にあたる指示薬はAのフェノールフタレインのみです。したがって、正解は①となります。

解答番号【17】：1　　⇒ 重要度B

問2　価数とは、化学式中で水素イオンH^+になることができるHの数、または水酸化物イオンOH^-になることができるOHの数のことをいいます。塩化水素HClはH^+になることができるHの数は1です。よって、1価の酸です。酢酸CH_3COOHは、H^+になることができるHの数は1つなので1価の酸です。同様に見ていくと、硫酸H_2SO_4は2価の酸です。アンモニアNH_3は、分子内に水酸化物イオンOH^-をもちませんが、水溶液中では$NH_3 + H_2O \rightleftarrows NH_4^+ + OH^-$となり、$OH^-$を1つ生じます。よって、1価の塩基です。水酸化カルシウム$Ca(OH)_2$は、OH^-を2つつくることができるので2価の塩基です。強酸か弱酸かは水溶液中での電離度によって決まります。電離度が1に近い場合（濃度によらず水溶液中でほぼ完全に電離する）は強酸、電離度が小さい場合（濃度を高くすると水溶液中で一部しか電離しない）は弱酸となります。塩化水素HClと硫酸H_2SO_4は強酸、アンモニアNH_3は弱塩基、水酸化カルシウム$Ca(OH)_2$は強塩基です。酸と塩基の強弱は価数の大小には関係しません。したがって、正解は③となります。

解答番号【18】：3　　⇒ 重要度C

問3　物質が酸素原子を受け取ることを酸化されるといいます。また、物質が酸素原子を失ったとき、物質は還元されるといいます。鉄は、空気中の酸素と反応して酸化され、さびを生じます。鉄の表面をほかの金属の薄膜で覆うことをめっきといいます。トタンは鉄に亜鉛でめっきしたものです。表面に形成される酸化被膜によって鉄の酸化を防いでいます。めっきに傷がつき、鉄が露出した場合でも、鉄よりイオン化傾向が大きい亜鉛が酸化されて陽イオンとなるので、鉄の酸化を防ぐことができます。アルミナとは、アルミニウムの粉末を酸素中で加熱して生成した酸化アルミニウムAl_2O_3のことです。純粋なものは無色透明です。アルミナに微量の不純物（クロムイオンやチタンイオン）を含んだものが宝石であるルビーやサファイアです。したがって、正解は②となります。

解答番号【19】：2　　⇒ 重要度A

問4　酸化数は原子の酸化の程度を表すものです。単体中の原子の状態を0として、これより

も電子を失った（酸化された）とみなせる状態を正の値で、受け取った（還元された）とみなせる状態を負の値で示します。また、酸素原子の酸化数を-2、水素原子の酸化数は$+1$とします。CuOにおいて、Oの酸化数が-2なので、化合物中の酸化数の総和を0とするためには、Cuの酸化数は$+2$となります。O_2は単体中の原子なので、酸化数は0です。H_2Oでは、酸素の酸化数が-2なので、総和を0にするには水素の酸化数は$+1$となります。Fe^{3+}では、単原子イオン中の原子の酸化数は、イオンの電荷に等しいので、$+3$となります。SO_4^{2-}では、酸素イオンの酸化数が$-2 \times 4 = -8$なので、イオンの電荷-2と等しくなるようなSの酸化数は$+6$となります。したがって、正解は①となります。

解答番号【20】：1　　　⇒ **重要度B**

令和3年度 第1回／化学基礎

令和2年度 第2回
高卒認定試験

化学基礎

解答時間　50分

化 学 基 礎

$\left(\text{解答番号}\ \boxed{1}\ \sim\ \boxed{20}\ \right)$

$\boxed{1}$ 化学と人間生活について，問１～問４に答えよ。

問１　プラスチックに関する記述として正しいものはどれか。次の①～⑤のうちから一つ選べ。
解答番号は $\boxed{1}$ 。

①　多くのプラスチックは金属を原料とした無機物質である。

②　すべてのプラスチックは，燃やすと必ず塩素が発生する。

③　すべてのプラスチックは水や薬品に弱く，分解されやすい。

④　すべてのプラスチックは熱に強く，製品は直接炎に当てても使用できる。

⑤　多くのプラスチックは加工しやすく，自由に成形できる。

問２　クロマトグラフィーと同じ原理で起こる現象として正しいものはどれか。次の①～⑤のうちから一つ選べ。解答番号は $\boxed{2}$ 。

①　紅茶の茶葉にお湯を注ぐと，紅茶の成分がお湯に溶け出した。

②　防虫剤をタンスに入れておくと，数ヶ月後に小さくなった。

③　雨にぬれたノートの文字のインクがにじんで，いくつかの色に分かれた。

④　氷水を入れたコップを室内にしばらく置くと，コップの外側に水滴がついた。

⑤　海水をバケツに入れてしばらく置くと，塩の結晶が得られた。

問 3　次の写真は硫黄の同素体を表したものである。硫黄の同素体について，下の**ア～ウ**の記述

の正誤の組合せとして正しいものはどれか。下の①～⑤のうちから一つ選べ。

解答番号は　3　。

| A | B | C |

ア　Aは単斜硫黄，Bは斜方硫黄である。

イ　Bは硫黄を含んだ化合物である。

ウ　Cはゴム状硫黄である。

	ア	イ	ウ
①	正	正	正
②	誤	誤	正
③	正	誤	誤
④	誤	正	誤
⑤	誤	正	正

問4　炎色反応について，次のア～ウの記述の正誤の組合せとして正しいものはどれか。下の
①～⑤のうちから一つ選べ。解答番号は　4　。

ア　塩化ナトリウム水溶液は，赤紫色の炎色反応を示す。

イ　塩化リチウム水溶液は，青緑色の炎色反応を示す。

ウ　塩化カルシウム水溶液は，橙赤色の炎色反応を示す。

	ア	イ	ウ
①	正	誤	誤
②	誤	正	誤
③	正	誤	正
④	誤	誤	正
⑤	誤	正	正

2　物質の構成粒子について，問1～問4に答えよ。

問1　原子や原子を構成する粒子に関する記述として正しいものはどれか。次の①～⑤のうちから一つ選べ。解答番号は　5　。

① $^{12}_{6}C$ の質量数は18である。

② $^{1}_{1}H$ と $^{2}_{1}H$ は互いに同素体という。

③ $^{13}_{6}C$ と $^{12}_{6}C$ とでは含まれる陽子の数が異なる。

④ $^{4}_{2}He$ には電子が4個含まれている。

⑤ 中性子の数が8個の酸素原子は $^{16}_{8}O$ と表される。

問2　$_{13}Al$ 原子における各電子殻中の電子の数の組合せとして正しいものはどれか。次の①～⑤のうちから一つ選べ。解答番号は　6　。

	K殻	L殻	M殻
①	8	5	0
②	8	2	3
③	2	11	0
④	2	10	1
⑤	2	8	3

問 3　次の図は元素の周期表の概略図である。図中の**ア～ケ**から非金属元素の領域をすべて選んだ組合せとして正しいものはどれか。下の**①～⑤**のうちから一つ選べ。解答番号は　7　。

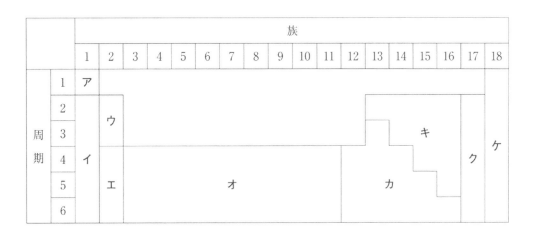

①　ア．イ．ウ．エ

②　ク．ケ

③　ア．キ．ク．ケ

④　イ．ウ．エ．オ．カ

⑤　オ．カ

問4 次の電子配置で表される原子のうち，周期表の第2周期に属しており，2価の陰イオンに

なりやすい原子として正しいものはどれか。次の①～⑤のうちから一つ選べ。

解答番号は 8 。

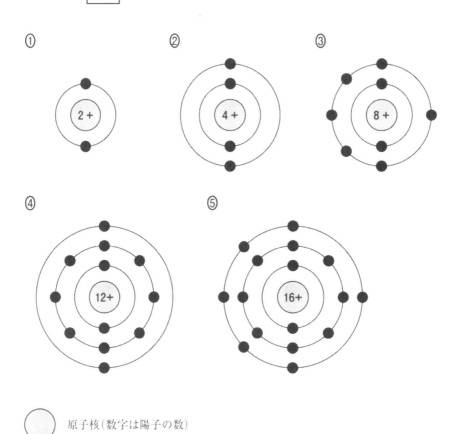

3 　物質と化学結合について，問1〜問4に答えよ。

問1 　イオンに関する次の文の(A)〜(C)に当てはまる語句の組合せとして正しいものはどれか。下の①〜⑤のうちから一つ選べ。解答番号は 9 。

　　一般に(A)元素の原子はイオン化エネルギーが(B)，陽イオンになりやすい。また，陽イオンは陰イオンと静電気的な引力(クーロン力)によって結びつく。この結合を(C)という。

	A	B	C
①	金属	小さく	イオン結合
②	金属	大きく	イオン結合
③	金属	小さく	共有結合
④	非金属	大きく	共有結合
⑤	非金属	小さく	金属結合

問2 　水素原子，窒素原子，酸素原子，フッ素原子，塩素原子を電子式で表すと，それぞれ次のようになる。

　　次の電子式は，上の原子からなる分子 X_2 を表したものである。この分子として正しいものはどれか。下の①〜⑤のうちから一つ選べ。解答番号は 10 。

$$:X::X:$$

① 水素 H_2 　② 窒素 N_2 　③ 酸素 O_2 　④ フッ素 F_2 　⑤ 塩素 Cl_2

問 3　二酸化炭素 CO_2 の分子の形を模式的に表している図として正しいものはどれか。次の ①～⑤のうちから一つ選べ。解答番号は　11　。

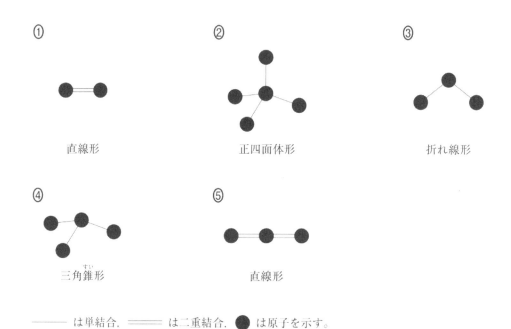

①

直線形

②

正四面体形

③

折れ線形

④

三角錐形

⑤

直線形

―――― は単結合，======= は二重結合，● は原子を示す。

問 4　次の図は二酸化ケイ素 SiO_2 の結晶構造の一例である。二酸化ケイ素に関する記述として正しいものはどれか。下の①～⑤のうちから一つ選べ。解答番号は　12　。

○：ケイ素原子

●：酸素原子

二酸化ケイ素の結晶構造の一例

① 石英や水晶などとして天然に存在している。

② ケイ素原子と酸素原子がイオン結合で結びついている。

③ 金属光沢をもつ。

④ 塩化ナトリウムに比べて水に溶けやすい。

⑤ 銅に比べて電気を通しやすい。

4 　物質量と化学反応式について，**問１**〜**問４**に答えよ。

問 1　物質の量に関する記述として正しいものはどれか。次の①〜⑤のうちから一つ選べ。
解答番号は　　13　　。

① 　6.0×10^{23} 個の粒子の集団を 1 mol と表す。

② 　原子量の単位は g である。

③ 　1 mol の水分子 H_2O に含まれる酸素原子の数と水素原子の数は等しい。

④ 　1 mol の塩化ナトリウム NaCl に含まれるイオンの総数は 6.0×10^{23} 個である。

⑤ 　標準状態（ 0 ℃，1.01×10^5 Pa）で，酸素 1 L に含まれる酸素分子の数は水素 1 L に含まれる水素分子の数の 2 倍である。

問 2　空気の平均分子量を 29 とするとき，同温・同圧で同体積の気体の質量が空気より軽い気体はどれか。次の①〜⑤のうちから一つ選べ。ただし，原子量は H = 1.0，C = 12，O = 16 とする。解答番号は　　14　　。

① 　酸素 O_2

② 　オゾン O_3

③ 　プロパン C_3H_8

④ 　メタン CH_4

⑤ 　二酸化炭素 CO_2

問 3 次のような手順で1.0 mol/Lの水酸化カリウム水溶液をつくった。(A),(B)に当てはまる数値の組合せとして最も適切なものはどれか。下の①〜⑤のうちから一つ選べ。ただし,水酸化カリウムの式量を56とする。解答番号は 15 。

手順1 ビーカーに水酸化カリウムを(A)gとり,蒸留水を加えてよく溶かした。

手順2 手順1のビーカーの水酸化カリウム水溶液をメスフラスコに移し,ビーカーの内側を洗った液も移した。

手順3 メスフラスコの標線まで蒸留水を加え全体を(B)mLとし,よく混ぜた。

	A	B
①	5.6	100
②	0.56	100
③	5.6	200
④	0.56	1000
⑤	5.6	1000

問 4 次の化学反応式の(A),(B)に当てはまる係数の組合せとして正しいものはどれか。下の①〜⑤のうちから一つ選べ。ただし,係数が1の場合も省略しないものとする。解答番号は 16 。

$$4\,Fe + (\ A\ )\,O_2 \longrightarrow (\ B\ )\,Fe_2O_3$$

	A	B
①	1	2
②	2	1
③	2	2
④	3	2
⑤	3	3

5 化学反応について，問1〜問4に答えよ。

問1 0.10 mol/Lの1価の酸の水溶液 1.0 mL に蒸留水を加えて 100 mL とした水溶液の pH として正しいものはどれか。次の①〜⑤のうちから一つ選べ。ただし，この1価の酸は水溶液中で完全に電離しているものとする。解答番号は 17 。

① 1 　　　 ② 2 　　　 ③ 3 　　　 ④ 4 　　　 ⑤ 5

問2 中和滴定に用いるガラス器具には，その内部が蒸留水でぬれている場合，そのまま用いてよいものと使用する溶液で2〜3回すいでから用いるものがある。次の4つのガラス器具の中で，内部が蒸留水でぬれたまま用いてよいものの総数として正しいものはどれか。下の①〜⑤のうちから一つ選べ。解答番号は 18 。

ビュレット 　　　 ホールピペット 　　　 メスフラスコ 　　　 コニカルビーカー

① 1 　　　 ② 2 　　　 ③ 3 　　　 ④ 4 　　　 ⑤ 0

問3 酸化還元反応の化学反応式は，酸化剤と還元剤の電子(e⁻)を含んだ反応式から電子を消去することによって得られる。

二酸化硫黄 SO_2(酸化剤)と硫化水素 H_2S(還元剤)を反応させたときの化学反応式として正しいものはどれか。下の①~⑤のうちから一つ選べ。解答番号は　19　。

(酸化剤)　$SO_2 + 4H^+ + 4e^- \longrightarrow S + 2H_2O$

(還元剤)　$H_2S \longrightarrow S + 2H^+ + 2e^-$

① $SO_2 + H_2S \longrightarrow S + H_2O$

② $SO_2 + H_2S \longrightarrow 2S + 2H_2O$

③ $SO_2 + 2H_2S \longrightarrow 2S + 3H_2O$

④ $SO_2 + 2H_2S \longrightarrow 3S + 2H_2O$

⑤ $2SO_2 + 2H_2S \longrightarrow 3S + 3H_2O$

問4 次の表は3種類の金属のイオン化列とそれぞれの金属の反応性を示したものである。表の(A)~(C)に適する物質の組合せとして正しいものはどれか。下の①~⑤のうちから一つ選べ。解答番号は　20　。

大	←	イオン化傾向	→	小
	Mg	Cu	Au	
	(A)と反応して溶ける。			
	(B)と反応して溶ける。			
	(C)と反応して溶ける。			

	A	B	C
①	希硫酸	硝酸	水
②	希硫酸	硝酸	王水
③	水	希硫酸	王水
④	硝酸	希硫酸	水
⑤	硝酸	水	希硫酸

令和２年度　第２回

解答・解説

令和２年度　第２回　高卒認定試験

【　解　答　】

1	解答番号	正答	配点	2	解答番号	正答	配点	3	解答番号	正答	配点	4	解答番号	正答	配点	5	解答番号	正答	配点
問1	1	⑤	5	問1	5	⑤	5	問1	9	①	5	問1	13	①	5	問1	17	③	5
問2	2	③	5	問2	6	⑤	5	問2	10	②	5	問2	14	④	5	問2	18	②	5
問3	3	②	5	問3	7	③	5	問3	11	⑤	5	問3	15	①	5	問3	19	④	5
問4	4	④	5	問4	8	③	5	問4	12	①	5	問4	16	④	5	問4	20	②	5

【　解　説　】

1

問1　プラスチックは主に炭素原子と水素原子を含む分子からできている有機物質です。石炭や石油を原料としています。よって①の金属を原料とした無機物質という表記は誤りです。プラスチックは燃焼させると、主に二酸化炭素と水蒸気を生じます。②の燃焼時に塩素が発生するのはポリ塩化ビニル系のプラスチックですので、すべてのプラスチック全般ではありません。プラスチックは水や薬品に強く、微生物などによって自然界で分解されにくい性質がありますので③は誤りです。有機化合物のため燃えやすいものがほとんどですので④は誤りです。⑤のように、プラスチックは加工・成形・接着をしやすい特徴があります。したがって、正解は⑤です。

解答番号【1】：5　　⇒ **重要度Ａ**

問2　①は、紅茶の成分が湯（水）に溶けて全体が均一な液体になる溶解の説明です。②は、固体が液体を経ずに直接気体になる昇華の説明をしています。二酸化炭素（ドライアイス）は常温で昇華をします。④は、温度の差によって水蒸気が水になり現れる結露を説明しています。⑤は、飽和水溶液を冷却すると溶解度が小さくなり、結晶が析出すると言う再結晶を説明しています。　クロマトグラフィーとは紙などに対する物質の吸着力の違いを利用した分離方法です。一般的なインクは様々な色素が溶けています。水に溶かしたインクは、紙への吸着力が弱い色素ほど早く移動するので、インクがいくつかの色素に分離されます。これを展開といいます。③はクロマトグラフィーの原理で起こる現象の説明です。したがって、正解は③です。

解答番号【2】：3　　⇒ **重要度Ａ**

問3　写真Ａ・Ｂ・Ｃは、硫黄の同素体です。同素体とは、同じ元素からなるけれども性質が異なる単体のことをいいます。Ｂは単斜硫黄、Ｃはゴム状硫黄といいます。これらを放置

すると安定な A の斜方硫黄になります。以上より、アは名称の組み合わせが誤り、イは化合物でなく単体、ウが正しい内容となります。ちなみに，単体とは 1 種類の元素からなる純物質のことをいいます。A・B・Cは，硫黄元素Sの単体です。したがって、正解は②となります。

解答番号【3】：2　　⇒ 重要度B

問4　物質を炎の中に入れた時、元素特有の発色が見られる現象を炎色反応といいます。元素の炎色反応の色は、リチウム－赤、ナトリウム－黄、カリウム－赤紫、カルシウム－橙赤、ストロンチウム－赤, バリウム－黄緑, 銅－青緑となります。したがって、④が正解です。

解答番号【4】：4　　⇒ 重要度B

2

問1　質量数とは陽子の数と中性子の数の和のことです。原子の構成表示の左上に書かれている数字です。よって①の質量数は 12 となり誤りです。②について，同素体とは同じ元素からなるが，結晶構造の違いなどから，性質の異なる単体のことをいいます。たとえば、炭素の同素体にはダイヤと黒鉛などがあります。同じ元素で質量数が異なるものは同位体（アイソトープ）といいます。②は水素の同位体ですので誤りです。③について，陽子の数は原子番号と等しいです。原子番号とは、原子の構成表示の左下の数字です。炭素 C の原子番号は、ともに 6 であるので陽子の数が等しいことがわかります。よって誤りです。陽子の数＝電子の数であるので、原子番号が電子数になります。④の電子の数は、原子番号の 2 と等しいため、電子が 4 個含まれるという内容は誤りです。質量数は陽子の数＋中性子の数です。中性子の数＝質量数－原子番号となります。⑤において、中性子の数は、16 － 8 ＝ 8 個となります。したがって、正解は⑤です。

解答番号【5】：5　　⇒ 重要度A

問2　原子は、中心に原子核がありその周りを電子が層状に取り囲んで存在しています。これを電子殻といい、内側から順に K 殻、L 殻、M 殻…と呼びます。それぞれに収容できる電子の最大数は、2、8、18…と決まっています。最大数をこえての収容はできません。①－④の選択肢は，収容電子の最大数を超えています。したがって、⑤が正解です。

解答番号【6】：5　　⇒ 重要度B

問3　元素は性質ごとに金属元素と非金属元素に分けられます。金属元素は電気や熱をよく伝えやすく，非金属元素は電気や熱を伝えにくい性質があります。非金属元素は、価電子の数が多く電子を取り込んで陰イオンになりやすいです（希ガスは除く）。よって周期表の右側に多く存在します。また、非金属元素は、元素中約 2 割程度です。これらの知識と共に金属・非金属元素の区分けを記憶すると良いです。周期表アの水素を含んだア・キ・ク・ケが非金属元素です。その他は，金属元素です。したがって、③が正解です。

解答番号【7】：3　　⇒ 重要度A

問4　図の原子の電子配置の中心の数字は、陽子の電荷の合計を表しています。①はヘリウム、②はベリリウム、③は酸素、④はマグネシウム、⑤は硫黄の原子の電子配置です。①は第

１周期、②③は第２周期、④⑤は第３周期に属する原子です。問題文より「第２周期に属する」とあるので、②か③に絞られます。次に、２価の陰イオンとは、さらに電子２個を受け取り陰イオン化したものをいいます。L殻の電子の最大収容数は８なので、③の酸素は、あと２つ電子を取り込むと最大数の電子が収容されて閉殻となり安定した状態となります。よって２価の陰イオンになりやすいです。②のベリリウムは、電子を２個放出し陽イオンになることで閉殻となり安定します。つまり２価の陽イオンになりやすい原子です。よって、２価の陰イオンになりやすい原子は③の酸素です。　したがって、正解は③です。

解答番号【８】：３　　⇒ 重要度Ｂ

3

問１　イオン化エネルギーとは、原子から電子１つを取り去る時に吸収されるエネルギーのことです。値が小さいということは、原子から電子が離れやすいつまり、陽イオンになりやすいということです。金属元素は電子を放出して陽イオンになりやすい性質があります。陽イオンと陰イオンの間の静電気的な引力によって生じる結合をイオン結合といいます。これは、陽性の強い金属元素イオンと陰性の強い非金属イオンの間に生じやすくなっています。イオン結合の代表的なものに、塩化ナトリウム（ナトリウムイオン－塩化物イオン）があります。　したがって、正解は①です。

解答番号【９】：１　　⇒ 重要度Ａ

問２　問題文にある電子式の中で、不対電子に注目します。不対電子とは、対になっていない、つまり電子式の一辺に点が１つの部分をいいます。他の原子の不対電子と電子対を作り共有結合を生じます。原子Ｘの電子式は、中心部分に３つの電子対があります。この３組の共有電子対が共有されて生じる共有結合を三重結合といいます。この結合には、Ｘ原子にそれぞれ３つの不対電子が必要となります。問題文中の各原子の電子式を見てみると窒素原子のみ不対電子が３つあるので三重結合となりえます。したがって、正解は②です。

解答番号【10】：２　　⇒ 重要度Ａ

問３　分子は、結合している原子の種類や共有結合のしかたによって特有の形をしています。①は、共有電子対が１つなので直線状に配置されています。塩素分子 Cl_2 などがあります。②は、共有電子対が４つあり四面体上に配置されています。メタン分子 CH_4 などがあり、四面体の中心に炭素Ｃ、頂点に水素Ｈが配置しています。③は、共有電子対２つと鈍角に折れ曲がってる形状から非電子対も存在すると考えられます。水分子 H_2O などがあります。④は、共有電子対が３つあります。四面体の中心に原子を置き、３組の共有電子対と折れ曲がっている形状から１組の非共有電子対があると考えられます。アンモニア分子 NH_3 などがあります。⑤は、２つの共有電子対がある形状です。二酸化炭素 CO_2 は、炭素Ｃを中心に両側に酸素Ｏと共有電子対を持っています。模式図は、代表的なものを覚えてしまってもよいですが、分子式・電子式から書き表せるようにすると便利です。したがって、正解は⑤です。

解答番号【11】：５　　⇒ 重要度Ｂ

問4　二酸化ケイ素はダイヤモンドと同じ正四面体の立体構造を持つ共有結合の結晶です。よって②のイオン結合は誤りです。二酸化ケイ素は金属ではないので、③の金属光沢はありません。また、イオン結合である塩化ナトリウムは極性分子である水に入れるとイオン化するため溶けやすいですが、共有結合である二酸化ケイ素は、水や酸に溶けにくいです。よって、④は誤りです。⑤の自由電子による金属結合である銅より電気伝導性は劣ります。二酸化ケイ素は、石英として地殻中に多量に含まれます。ガラスの主成分でもあります。したがって、正解は①です。

　　解答番号【12】：1　　⇒ 重要度A

4

問1　質量数12の炭素原子の質量を12と定めます。これを基準に各原子の相対質量（単位なし）を定めます。そして各元素の質量数が異なる同位体の相対質量の平均値を、その元素の原子量といいます。原子量は相対値であるため単位はつけません。よって、原子量の単位がgという②は誤りです。原子の質量は数値が小さくなりすぎて取り扱いしにくいため、原子量という炭素を基準とした相対質量を基にした値で原子の質量で比較しているものです。1molの水分子の場合、2molの水素原子と1molの酸素原子が含まれています。よって、③は誤りです。塩化ナトリウム1molの中に含まれるイオンの総数は、ナトリウムイオンと塩化物イオンの総和になるため、2molであり $2 \times 6.0 \times 10^{23}$ 個です。よって、④は誤りです。気体の同体積における標準状態に占める分子数は、その種類に関係なく同じです。よって、気体1L中に含まれる酸素分子と水素分子の数は同じであることから⑤は誤りです。アボガドロ数 6.02×10^{23} 個の粒子の集団を1molといいます。したがって、①が正解です。

　　解答番号【13】：1　　⇒ 重要度B

問2　空気より軽いという事は、空気の平均分子量29よりも小さくなるということです。分子量は、構成元素の原子量の総和から求められます。①の酸素分子の分子量は、$16 \times 2 = 32$、②のオゾン分子は $16 \times 3 = 48$、③のプロパンは $12 \times 3 + 1 \times 8 = 44$、④のメタンは $12 + 1 \times 4 = 16$ ⑤の二酸化炭素は $12 + 16 \times 2 = 44$ です。以上より空気の分子量29より小さいのは④のメタンです。ちなみに、プロパンは、プロパンガスとしてメタンは都市ガスとして家庭で使用されています。空気に対する重さの違いから、ガス漏れ検知器の設置場所は、都市ガスの場合は天井付近に、プロパンガスは低い位置に設置されています。また、空気より軽いオゾンがオゾン層として存在するのは、成層圏で酸素分子が紫外線により分解され再形成され、オゾンが生成されているからです。したがって、正解は④です。

　　解答番号【14】：4　　⇒ 重要度A

問3　式量とは、そのイオン式を構成する元素の原子量の総和のことです。1molあたりの質量は、式量にg単位をつけたものです。水酸化カリウムの式量が56ということは、1molあたり56gの質量ということがわかります。ここでは、1.0mol/Lの水酸化カリウム水溶液を作ったとあるので、1L（1000mL）中に水酸化ナトリウムが56g含まれる水溶液ということが分かります。選択肢中、水酸化カリウム：水酸化カリウム水溶液＝56g：1000mLの比にあてはまるものは、①です。したがって、正解は①です。

解答番号【15】：１　　⇒ 重要度Ｂ

問４　化学反応式の作り方は、左辺と右辺で、原子の種類と数が等しくなるように、整数比で係数を調整します。化学反応式の左辺のFeに注目すると、係数は４なので、Feの原子の数が左辺と右辺で等しくなるようにするには、Feの原子の数を２→４にすればよいので、Bに２が当てはまります。同様にOの原子の数を等しくするにはAに３が当てはまります。したがって、正解は④となります。

解答番号【16】：４　　⇒ 重要度Ａ

5

問１　pHとは、水素イオン指数のことです。水素イオン濃度 $[H^+] = 1.0 \times 10^{-\alpha}$ mol/L のときの指数部分のことで、pH $= \alpha$ と表します。そこでまず、問題文の水素イオン濃度 $[H^+]$ を求めます。水素イオン濃度 $[H^+]$ ＝解かした酸のモル濃度×電離度×価数より求めることができます。電離度とは、電離した酸の物質量／溶かした酸の物質量のことです。問題文中の、「この１価の酸は水溶液中で完全に電離している」という一文より、電離度＝１ということが分かります。（つまりこれは、強酸です。）ちなみに、１価の酸とは塩化水素 HCl など、２価の酸とは硫酸 H_2SO_4 などのことを言います。１価・２価とは分子中の酸になるHの個数を表しています。

　　　水溶液 1.0mL 中のpHは、$[H^+] = 0.10$mol/L $\times 1.0 \times 1 = 0.10 = 1.0 \times 10^{-1}$ これより、$\alpha = 1$ となり、pH $= 1$ となります。問題文では、これを水で薄めていくとあります。1.0mL → 100mL にするのですから、100倍に希釈するということです。濃度は 1/100 $= 10^{-2}$ 倍となりますので水素イオン濃度も 1×10^{-2} 倍となります。$[H^+] = 1.0 \times 10^{-1} \times 10^{-2} = 1.0 \times 10^{-3}$ となります。よって、$\alpha = 3$ となります。したがって、正解は③です。

解答番号【17】：３　　⇒ 重要度Ｂ

問２　中和滴定の操作は次の通りです。まず、ホールピペットを使って、濃度の分かっている酸または塩基をメスフラスコにはかりとり、純水を加えて一定体積の水溶液をつくります。それをコニカルビーカーに移し入れ、さらに指示薬を入れます。濃度不明の塩基または酸の水溶液をビュレットに入れ、コニカルビーカーに滴下し、色が変化する時の値を見ます。

　　　この時、ホールピペットとビュレットは、使用する水溶液で内部を洗って（共洗い）から使用します。これらを水で洗うと、中に入れる水溶液の濃度が小さくなってしまうためです。また、メスフラスコとコニカルビーカーは、共洗いしてしまうとガラス容器の壁面に付着した溶液によってはかりとった溶質の物質量が増えてしまうため正確な測定ができなくなってしまいます。よって、内部が水でぬれたままでよいのは、メスフラスコとコニカルビーカーの２つです。ちなみに、コニカルビーカー以外は加熱乾燥してはいけません。ガラスが膨張して正確な体積を測定できなくなってしまいます。したがって、正解は②です。

解答番号【18】：２　　⇒ 重要度Ｂ

問３　酸化還元反応では、酸化剤が受け取る電子の数と、還元剤が失う電子の数が等しくなります。それぞれの半反応式の係数を調整して、授与する電子の数を同じ数にして、両半反

応式を加算し電子の項を削除し化学反応式を作ります。本問の場合、還元剤の半反応式の電子数の係数を $2 \rightarrow 4$ にします。すると、還元剤の半反応式は全て2倍となるので2$H_2S \rightarrow 2S + 4H^+ + 4e^-$ となります。これに酸化剤の半反応式を加算すると、水素イオン H^+ と電子 e^- の項が相殺されて、$SO_2 + H_2S \rightarrow 3S + 2H_2O$ となります。したがって、④が正解です。

解答番号【19】：4　　⇒ 重要度B

問4　水溶液中で金属が陽イオンになろうとする性質を金属のイオン化傾向といいます。一般的にイオン化傾向の大きい金属は、陽イオンになりやすく反応性が強くなります。金属のイオン化列は大きいほうから Li、K、Ca、Na、Mg、Al、Zn、Fe、Ni、Sn、Pb、H_2、Cu、Hg、Ag、Pt、Au という並びです。王水（濃塩酸：濃硝酸 = 3：1）は全ての金属を溶かすことができますので、王水は、イオン化傾向が最も小さい Au（金）とも反応します。よって（C）は王水です。イオン化傾向が小さい Cu（銅）は王水と硝酸・熱濃硫酸に反応して解けます。よって、（B）は硝酸となります。イオン化傾向の大きい Mg（マグネシウム)は、塩酸や希硫酸とも反応します。よって、(A)は希硫酸となります。したがって、②が正解です。

解答番号【20】：2　　⇒ 重要度B

令和2年度 第1回
高卒認定試験

化学基礎

解答時間　50分

化 学 基 礎

（解答番号 1 ～ 20 ）

1 化学と人間生活について，問１～問４に答えよ。

問１ 次の花子先生と太郎さんの会話中の（ A ），（ B ）に当てはまる語句の組合せとして正しいものはどれか。次のページの①～⑤のうちから一つ選べ。解答番号は 1 。

太郎さん：「先生。テレビのニュースを見ていたら，東京 2020 オリンピック・パラリンピック競技大会に向けて準備している３種類のメダルの材料としての金属は，携帯電話やパソコンなどの使用済み小型家電を集めて取り出したといっていました。それは本当ですか。」

花子先生：「本当です。2019 年３月末で，約 5,000 個のメダル制作に必要な金属を 100 % 回収することができたそうです。これも大切なリサイクル活動の一つといえます。」

太郎さん：「そうなんですね。メダルに必要とされる金属はどのようなものなんですか。」

花子先生：「金と銀，銅の３種類です。最終的には，金を約 32 kg，銀を約 3,500 kg，銅を約 2,200 kg 集めることができたそうです。」

太郎さん：「そんなにたくさんの金や銀，銅を集めることができたんですね。でも，集めた金の重量が銀や銅と比べて非常に少ないのはなぜですか。」

花子先生：「いいところに気づきましたね。金メダルは中身が銀で表面に金の被膜をつけて作ります。この作業を（ A ）といいます。だから，銀が多く必要となるんです。」

太郎さん：「金メダルは金だけでできていないんですね。」

花子先生：「実は，小型家電の中には，他にも希少な金属（レアメタル）が含まれていて，たとえば（ B ）やインジウム，ガリウムなどがあります。」

太郎さん：「それらの金属は，何に使われていますか。」

花子先生：「（ B ）は携帯電話などの電池の材料として，インジウムは液晶ディスプレイの材料として使用されています。だから，いろいろな金属が含まれている家電製品は有用な資源となるので都市鉱山と呼ばれたりしています。」

太郎さん：「そうなんですね。生活の中で様々な金属が利用されているんですね。」

	A	B
①	めっき	リチウム
②	ブリキ	ナトリウム
③	めっき	塩素
④	ブリキ	リチウム
⑤	めっき	ナトリウム

問2　海水中に最も多く存在する純物質として正しいものはどれか。次の①～⑤のうちから一つ選べ。解答番号は　2　。

① ヨウ素　　　　　　② 酸素　　　　　　③ 二酸化炭素

④ 水　　　　　　　　⑤ 塩化ナトリウム

問3　化合物に関する記述として正しいものはどれか。次の①～⑤のうちから一つ選べ。解答番号は　3　。

① すべて1種類の元素からできている。
② すべて2種類以上の元素からできている。
③ すべて酸素を含んでいる。
④ すべて0℃，1.01×10^5 Pa において気体である。
⑤ すべて2種類以上の物質が混ざり合っている。

問 4 次の文の（　A　），（　B　）に当てはまる語句の組合せとして正しいものはどれか。下の
①〜⑤のうちから一つ選べ。解答番号は　[4]　。

　携帯電話には，電気やコンピュータの最新技術が数多く取り入れられている。さらに，
化学の進歩がなくては現在のような小型で高性能な携帯電話は生まれなかった。たとえば，
筐体(外装)は軽くて丈夫なマグネシウム合金や（　A　），表示画面には液晶が使われてい
る。

　化学の進歩がもたらしたのは，携帯電話のような高性能機器の発展ばかりではない。私た
ちの生活を支えている多くの製品は，化学的に合成された材料が素材となっている。たとえ
ば，ペットボトルは，キャップがポリプロピレンやポリエチレン，本体が（　B　），ラベル
がポリエチレンやポリスチレンという高分子化合物でできている。（　B　）の容器は，再利
用するために，キャップとラベルを分別して回収されていることが多い。

表示画面

筐体(外装)

携帯電話の例(新編化学基礎　啓林館)

	A	B
①	プラスチック	ポリエチレンテレフタラート
②	プラスチック	ナイロン(ナイロン 66)
③	プラスチック	ポリ塩化ビニル
④	黒鉛	ポリエチレンテレフタラート
⑤	黒鉛	ナイロン(ナイロン 66)

2 物質の構成粒子について，**問1〜問4**に答えよ。

問 1 次の図は，周期表の概略図である。**アルカリ金属**，**ハロゲン**に該当する場所を示した組合せとして正しいものはどれか。下の①〜⑤のうちから一つ選べ。解答番号は ⬜ 5 ⬜。

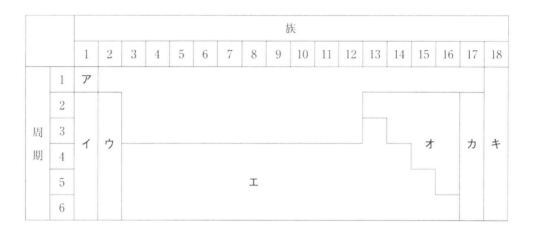

	アルカリ金属	ハロゲン
①	ア	エ
②	ア	カ
③	イ	キ
④	イ	カ
⑤	ウ	オ

令和２年度第１回試験

問 2　次の図は，ある原子の電子配置を表したものである。価電子の数の大小関係を表した式として正しいものはどれか。下の①〜⑤のうちから一つ選べ。解答番号は　6　。

ア　　　　　　　　　イ　　　　　　　　　ウ

2+　12+　16+：原子核（数字は陽子の数）　●：電子

	価電子の数の大小関係
①	ア ＝ イ ＜ ウ
②	ア ＝ イ ＞ ウ
③	ア ＝ イ ＝ ウ
④	ア ＞ イ ＞ ウ
⑤	ア ＜ イ ＜ ウ

問 3　互いに同位体の関係にあるものはどれか。次の①〜⑤のうちから一つ選べ。解答番号は　7　。

① 質量数 14 の炭素原子と質量数 14 の窒素原子

② 黒鉛とダイヤモンド

③ ナトリウム原子とナトリウムイオン

④ 水素と水

⑤ 質量数 1 の水素原子と質量数 2 の水素原子

問 4 ある原子Xの原子番号をa，質量数をbとすると，この原子Xは次の図のように表される。この原子の陽子の数，中性子の数，電子の数をa，bを用いて表した組合せとして正しいものはどれか。下の①〜⑤のうちから一つ選べ。解答番号は　8　。

$$_a^b X$$

	陽子の数	中性子の数	電子の数
①	a	a + b	a
②	b	a − b	b
③	a	b − a	a
④	b	a + b	a
⑤	a	b − a	b

3 物質と化学結合について，問1～問4に答えよ。

問1 Na^+ と Cl^- からなる物質の**名称**と**組成式**の組合せとして正しいものはどれか。次の①～⑤のうちから一つ選べ。解答番号は 9 。

	名称	組成式
①	塩化ナトリウム	$NaCl_2$
②	塩化ナトリウム	$NaCl$
③	塩化ナトリウム	Na_2Cl
④	塩化カリウム	$NaCl$
⑤	塩化カリウム	Na_2Cl

問2 電気陰性度に関する記述として正しいものはどれか。次の①～⑤のうちから一つ選べ。解答番号は 10 。

① 原子が共有電子対を引きつける強さの程度を表した値。

② 原子から電子1個を取り去り，1価の陽イオンにするときに必要なエネルギー。

③ 陽イオンと陰イオンの間で生じる静電気的な力。

④ 原子が電子1個を受け取るときに放出されるエネルギー。

⑤ 分子どうしの間ではたらいて，分子どうしを引きつける力。

問 3 　次の写真はハンマーで金属を叩いているようすである。一般に金属は叩くと薄く広がる性
　　　質をもっている。この性質の名称として正しいものはどれか。下の①〜⑤のうちから一つ選
　　　べ。解答番号は　11　。

(https://j-kouki.com/wedding-ring-7/ より)

① 熱伝導性　　　　　② 延性　　　　　③ 電気伝導性
④ 金属光沢　　　　　⑤ 展性

問 4　次の電子式はアンモニア NH_3 を表したものである。**共有電子対の数**と**構造式**の組合せとして正しいものはどれか。下の①〜⑤のうちから一つ選べ。解答番号は　12　。

$$
\begin{array}{c}
\cdot\cdot \\
H:N:H \\
\cdot\cdot \\
H
\end{array}
$$

	共有電子対の数	構造式
①	1 対（組）	H－N－H（上下にHとN結合、Nの上に縦線、下にH）
②	1 対（組）	H－N－H（下にH）
③	1 対（組）	H－N－H（二重線＝、下にH）
④	3 対（組）	H－N－H（下にH）
⑤	3 対（組）	H－N－H（二重線＝、下にH）

4 物質量と化学反応式について，問１〜問４に答えよ。

問 1 次の化学反応式からわかる記述として正しいものはどれか。下の①〜⑤のうちから一つ選べ。ただし，原子量は H ＝ 1.0，N ＝ 14 とし，標準状態は 0 ℃，1.01 × 10⁵ Pa とする。また，この化学反応はすべて過不足なく反応するものとする。解答番号は 13 。

$$N_2 + 3H_2 \longrightarrow 2NH_3$$

① 窒素原子 1 個と水素原子 3 個が反応すると，アンモニア分子が 2 個生成する。

② 窒素分子 1 個と水素分子 3 個が反応すると，水素原子が 1 個多くなる。

③ 窒素分子 1 mol と水素分子 3 mol が反応すると，アンモニア分子が 2 mol 生成する。

④ 窒素分子 1 g と水素分子 3 g が反応すると，アンモニア分子が 2 g 生成する。

⑤ 標準状態において，窒素分子 1 L と水素分子 3 L が反応すると，アンモニア分子が 4 L 生成する。

問 2 物質量に関する記述として正しいものはどれか。下の①〜⑤のうちから一つ選べ。ただし，原子量は H ＝ 1.0，O ＝ 16 とし，標準状態は 0 ℃，1.01 × 10⁵ Pa，アボガドロ定数を 6.0 × 10²³/mol とする。解答番号は 14 。

① 1.0 mol の水分子 H_2O に含まれる水分子の数は，6.0 × 10²⁴ 個である。

② 1.0 mol の水素分子 H_2 の体積は，標準状態で 2.0 L である。

③ 標準状態の酸素 22.4 L に含まれる酸素分子 O_2 の数は，3.0 × 10²³ 個である。

④ 標準状態で，1.0 mol の水素分子 H_2 の体積と 1.0 mol の酸素分子 O_2 の体積は異なる。

⑤ 1.0 mol の水分子 H_2O の質量は 18 g である。

問 3　0.10 mol/L 塩化ナトリウム水溶液 1.0 L に関する次の**ア**～**ウ**の記述について，正誤の組合せとして正しいものはどれか。下の①～⑤のうちから一つ選べ。ただし，原子量は Na = 23，Cl = 35.5 とし，アボガドロ定数を 6.0×10^{23}/mol とする。

解答番号は　| 15 |　。

ア　塩化ナトリウムが 5.85 g 溶けている。

イ　塩化物イオンが 6.0×10^{23} 個含まれている。

ウ　水 1.0 L に塩化ナトリウム 0.10 mol を溶かしてつくる。

	ア	イ	ウ
①	正	正	正
②	正	誤	誤
③	誤	誤	誤
④	誤	誤	正
⑤	誤	正	正

問 4　長さが 20 cm のマグネシウムリボンの質量を正確に測定したところ 0.24 g であった。このマグネシウムリボンに 1.0 mol/L の塩酸を少量ずつ加えたところ水素が発生し, 20 mL まで加えたところ反応が終了した。発生した水素を水上置換法で捕集し, 体積を標準状態で測定した。次のグラフは, 加えた塩酸の体積と発生した水素の体積の関係を表したものである。

$$Mg + 2\,HCl \longrightarrow MgCl_2 + H_2$$

次に, 長さが 20 cm で質量が 0.24 g のマグネシウムリボンを正確に 10 cm に切り分け, この 10 cm のマグネシウムリボンに 1.0 mol/L の塩酸を少量ずつ 20 mL まで加えた。このとき, 加えた塩酸の体積と発生した水素の体積の関係を表すグラフとして最も適当なものはどれか。次の①～⑤のうちから一つ選べ。ただし, 原子量は Mg = 24 とし, 標準状態は 0 ℃, 1.01 × 10⁵ Pa とする。解答番号は　16　。

①

②

③

④

⑤

5 化学反応について，問1～問4に答えよ。

問1 次の文の(A)，(B)に当てはまる語句の組合せとして正しいものはどれか。下の①～⑤のうちから一つ選べ。解答番号は 17 。

　　塩酸に水酸化ナトリウム水溶液を少しずつ加えていくと，水溶液の酸性はしだいに弱くなる。また，水酸化ナトリウム水溶液に塩酸を少しずつ加えていくと，水溶液の塩基性はしだいに弱くなる。このように，酸と塩基が互いの性質を打ち消し合うことを(A)という。

　　たとえば，塩酸と水酸化ナトリウム水溶液の化学反応は，次のような化学反応式で表される。

$$HCl + NaOH \longrightarrow NaCl + H_2O$$

　　この反応で得られる塩の水溶液は中性である。これは塩酸が強酸であり，水酸化ナトリウム水溶液が(B)であるためである。

	A	B
①	酸化	強塩基
②	中和	強塩基
③	還元	弱塩基
④	中和	弱塩基
⑤	酸化	弱塩基

問2 次の物質を溶かした $0.1\,mol/L$ 水溶液のうち，水素イオン濃度が一番大きいものはどれか。次の①～⑤のうちから一つ選べ。解答番号は 18 。

① 酢酸 CH_3COOH
② 塩化水素 HCl
③ 硫酸 H_2SO_4
④ アンモニア NH_3
⑤ 水酸化カリウム KOH

問 3　化学変化の前後で下線部の原子やイオンに酸化数の変化がない反応はどれか。次の①～⑤のうちから一つ選べ。解答番号は　19　。

①　$\underline{Cl}_2 + 2e^- \longrightarrow 2Cl^-$

②　$\underline{Na} \longrightarrow Na^+ + e^-$

③　$\underline{C} + O_2 \longrightarrow CO_2$

④　$MnO_4^- + 8\underline{H}^+ + 5e^- \longrightarrow Mn^{2+} + 4H_2O$

⑤　$H_2\underline{O}_2 \longrightarrow O_2 + 2H^+ + 2e^-$

問 4　3種類の固体の金属 X，Y，Z を用いて次のア～ウの実験を行った。この実験結果からわかる金属 X，Y，Z のイオン化傾向の大小として正しいものはどれか。下の①～⑤のうちから一つ選べ。解答番号は　20　。

ア　硝酸銀水溶液に，金属 X，Y，Z をそれぞれ入れたところ，金属 X と金属 Y の表面に銀が析出したが，金属 Z には析出しなかった。

イ　硫酸銅（Ⅱ）水溶液に，金属 X，Y，Z をそれぞれ入れたところ，金属 X の表面に銅が析出したが，金属 Y と金属 Z には析出しなかった。

ウ　硫酸亜鉛水溶液に，金属 X，Y，Z をそれぞれ入れたところ，すべての金属で変化がなかった。

大 ←——————————— イオン化傾向 ———————————→ 小

Li　K　Ca　Na　Mg　Al　Zn　Fe　Ni　Sn　Pb　（H$_2$）　Cu　Hg　Ag　Pt　Au

①　X > Y > Z　　　　②　X > Z > Y　　　　③　Y > X > Z

④　Y > Z > X　　　　⑤　Z > X > Y

令和２年度　第１回

解答・解説

【重要度の表記】

Ａ：重要度が高く確実に正答したい設問。しっかり
　　復習する必要のある問題です。

Ｂ：重要度はＡレベルよりすこし下で、やや難易度
　　が高い設問または内容を読み取る設問。高得点
　　を狙う人は復習しましょう！

Ｃ：重要度が低い、または難解な設問。軽く復習す
　　る程度でよいでしょう！

令和２年度　第１回　高卒認定試験

―――――――――――――――――― 【 解 答 】 ――――――――――――――――――

1	解答番号	正答	配点	2	解答番号	正答	配点	3	解答番号	正答	配点	4	解答番号	正答	配点	5	解答番号	正答	配点
問1	1	①	5	問1	5	④	5	問1	9	②	5	問1	13	③	5	問1	17	②	5
問2	2	④	5	問2	6	⑤	5	問2	10	①	5	問2	14	⑤	5	問2	18	③	5
問3	3	②	5	問3	7	⑤	5	問3	11	⑤	5	問3	15	②	5	問3	19	④	5
問4	4	①	5	問4	8	③	5	問4	12	④	5	問4	16	③	5	問4	20	①	5

―――――――――――――――――― 【 解 説 】 ――――――――――――――――――

1

問1　Aについて、金属などの表面を、他の金属の薄膜で覆うことをめっきといいます。一般的にめっきは、鉄などの酸化されやすい金属の酸化を防ぐために施されます。金メダルは、高価な金の使用量を抑えるために、銀の土台の上に金めっきを施し製作されています。次にBについて、レアメタルとは、地殻中の存在量が少ない、または採掘・精錬のコストがかかるため流通量が少ない非鉄金属のことをいいます。リチウムはレアメタルの一つで電池の材料に使われています。吉野彰氏らが、リチウム電池の開発に貢献したとして2019年ノーベル化学賞を授与されました。リチウム電池は、繰り返し充電が可能な二次電池として広く使われています。ナトリウムは金属、塩素は常温で気体の物質であり、これらはレアメタルではありません。したがって、正解は①となります。

解答番号【1】：1　　⇒ 重要度A

問2　1種類の物質だけからできたものを純物質といいます。これに対し、2種類以上の物質がまじりあってできた物質を混合物といいます。海水の組成は、水96.5%、塩化ナトリウム2.72% 塩化マグネシウム0.38%、硫化マグネシウム0.16%、その他0.24%となっています。水は、H_2O だけからできている純物質であり、海水の中で一番多く含まれています。したがって、正解は④となります。

解答番号【2】：4　　⇒ 重要度B

問3　2種類以上の元素からなる純物質を化合物といいます。塩化ナトリウム NaCl や水 H_2O などがあります。①は、ナトリウム Na、酸素 O_2 など単一元素から成り立つ単体の説明です。③の酸素を含んでいる④の0℃、$1.01 \times 10^5 Pa$（大気圧）で気体という記述は間違いです。⑤の2種類以上の物質というのは，混合物の説明です。混合物には、塩化ナトリウム水溶

液（$NaCl + H_2O$）などがあります。したがって，正解は②です。

解答番号【3】：2 ⇒ ■重要度A■

問4 Aについて、黒鉛は炭素の同素体で、やわらかく電気をよく通します。鉛筆の芯に使われているものです。そのため携帯電話の外装には不向きです。外装には軽く硬さのある石油や石炭から化学的に作られたプラスチック（合成高分子化合物）を使うことが多いです。Bについて、高分子化合物は、それぞれ硬さ・透明度・材料コスト等の違いから種類・用途が分かれています。選択肢②のナイロンは合成樹脂の一つで耐摩耗性に優れた繊維です。選択肢③のポリ塩化ビニル（PVC）は、水・薬品に強く、水道管の配管などに使われています。ポリエチレンテレフタラート（PET）は、耐久性に優れているためペットボトル本体に使われています。したがって、正解は①です。

解答番号【4】：1 ⇒ ■重要度A■

2

問1 周期表の中で同じ族に属する元素を同族元素といい、互いに化学的性質が似ている事が多いです。水素Hを除く1族元素をアルカリ金属、2族をアルカリ土類金属、17族はハロゲン、18族は希ガスといいます。これをもとに問題を見ていくと、アは水素のため①・②は誤り、③のキは希ガスのため誤り、⑤のウはアルカリ土類金属のため間違いです。したがって、正解は④となります。

解答番号【5】：4 ⇒ ■重要度A■

問2 最外殻の電子数を数えて比較をします。電子殻は、内側からK殻、L殻、M殻とよばれていて、電子の最大数は、2個、8個、18個となっています。一般的に最外殻電子のことを価電子といいます。最外殻に最大の電子が収容されている閉殻の時、価電子数は0となることに注意しましょう。また、この価電子の数が同じ原子は似た性質を持っています。アはヘリウム原子の電子配置で、K殻に最大の電子数2の電子が収容されているため閉殻となり、価電子数は0となります。イはマグネシウム原子は、M殻に電子が2個あり、価電子数2です。ウは硫黄原子の電子配置で、価電子数は6です。以上より、価電子数の大小関係は、ア＜イ＜ウとなります。したがって、正解は⑤となります。

解答番号【6】：5 ⇒ ■重要度B■

問3 原子番号が同じで、質量数の異なる原子を同位体（アイソトープ）といいます。質量数＝陽子数＋中性子数ですので、同じ原子で中性子の数だけ異なるものであり、化学的な性質はほぼ同じです。①は質量数が同じで違う原子のため同位体ではありません。②の黒鉛とダイヤモンドは、ともに炭素原子からできていますが結晶構造が異なる同素体の説明のため誤りです。③のナトリウムイオンは、電気的に中性なナトリウム原子が電子を失うことで正の電荷をもったものであるため誤りです。④の水素Hと水H_2Oは、元素と化合物の関係のため誤りです。⑤は質量数が異なる同位体の説明です。したがって、正解は⑤となります。

解答番号【7】：5 ⇒ ■重要度A■

問4　問題図中の（a）は原子番号といいます。この原子番号（a）は陽子の数に等しく、また電子の数にも等しいです。（b）を質量数といいます。質量数（b）＝陽子の数（a）＋中性子の数という関係があります。以上より問題を見てみると、中性子の数＝質量数（b）－陽子の数（a）となります。したがって、正解は③となります。

解答番号【8】：3　　⇒ 重要度A

3

問1　Na$^+$はナトリウムイオン、Cl$^-$は塩化物イオンです。これらのイオンは、それぞれ1価のイオンのため正負の電荷の総量が等しいのでNa$^+$：Cl$^-$＝1：1で結合します。よってNa$^+$＋Cl$^-$→NaClというイオン式が成り立ちます。また生成物NaClの名称は塩化ナトリウムといいます。したがって、正解は②となります。

解答番号【9】：2　　⇒ 重要度A

問2　電子式の中で、共有結合を構成しているものを共有電子対といいます。異種原子との共有結合において、原子間の結合により生じた電荷のかたよりを極性といいます。この時、相手の原子を引き寄せる強さのことを電気陰性度といいます。値が大きくなるほど電子を強く引き寄せます。①は電気陰性度の説明です。②は、イオン化エネルギーの説明です。値が小さいほど陽イオンになりやすいです。アルカリ金属で最小値となりますのでナトリウムやリチウムは陽イオンになりやすいです。③は、イオン結合の説明です。この静電気的な引力をクーロン力といいます。④は電子親和力の説明で、大きいほど陰イオンになりやすいです。17族元素（ハロゲン）で大きく、フッ素や塩素は陰イオンになりやすいです。⑤は分子間力の説明です。分子が分子間の引力によって集合してできた固体を分子結晶といい、ドライアイスなどがあります。分子間力は比較的弱い引力です。したがって、正解は①となります。

解答番号【10】：1　　⇒ 重要度A

問3　選択肢は、全て金属の性質です。①の熱伝導性は、金属内を自由に動き回る自由電子が熱を伝える性質です。②の延性（えんせい）は、引き延ばし線にすることができる性質です。金属は外力により原子の位置がずれても、自由電子により結合状態が保たれるため割れることなく変形が可能です。③の電気伝導性は、自由電子により電気が通りやすいという性質です。④の金属光沢は、自由電子が光を反射するため金属は光沢をもつという性質です。そして、⑤の展性（てんせい）は、金属をたたいて薄く広がる性質をいいます。原理は②の展性と同様です。問題文中の写真のようにハンマーで叩いて薄く箔にすることができます。したがって、正解は⑤です。

解答番号【11】：5　　⇒ 重要度A

問4　電子対のうち、他の原子と共有結合を構成しているものを共有電子対といいます。問題のアンモニアの電子式では、水素原子（H）と窒素原子（N）の間に3対の共有電子対があります。①②③は誤りです。構造式にある線（価標）は分子内の原子の結合を示すもので、その数を原子価といいます。1組の共有電子対が、原子間で共有されて生じる共有結合を単結合といいます。単結合は価標が1本となります。⑤は価標が4つで、二重結合もあ

るため誤りです。④は価標が3つで全て単結合です。したがって、正解は④となります。

解答番号【12】：4 ⇒ 重要度A

4

問1　この反応式は、窒素と水素よりアンモニアが生成するというものです。①の N_2 は窒素原子ではなく窒素分子です。窒素原子→窒素分子、水素原子→水素分子が正しい表記となります。②は「反応後に水素原子が1個多くなる」という表記が誤りです。反応前後の原子の個数は変わりません。③について。窒素分子 N_2 をアボガドロ数 6.02×10^{23} 個集めたものが1molです。$3H_2$ は、水素分子 H_2 を1molとすると $1 \times 3 = 3$ mol となります。アンモニア分子 NH_3 を1molとすると $2NH_3$ は、$1\,mol \times 2 = 2\,mol$ です。つまり化学反応式中の整数部分は分子のmol数にあたりますので、③は正解です。④について、〈分子量＝1molあたりの質量〉となるため、窒素分子の分子量は $14 \times 2 = 28$ より1molあたり28gです。水素分子の分子量は $1 \times 3 = 3$ となり1molあたりの質量は3gです。アンモニアの分子量は、$14 + (1 \times 3) = 17$ となり1molあたりの質量は17gです。よって、この選択肢は誤りです。⑤は、標準状態で、体積は気体の種類に関係なく1molあたり22.4Lです。よって、ここでは、(22.4×1) Lの窒素と (22.4×3) Lの水素、これらより (22.4×2) Lのアンモニアが生成されます。したがって、正解は③となります。

解答番号【13】：3 ⇒ 重要度A

問2　①は、1molの水分子に含まれる水分子の個数は、6.0×10^{23} 個です。6.0×10^{24} 個は間違いです。②は、1molあたりの水素分子の標準状態の体積は22.4Lなので誤りです。1molあたりの体積は気体の種類に関係なく同体積です。③は、22.4Lに含まれる酸素分子 O_2 の数は1molなので、6.0×10^{23} 個ですので誤りです。④は、標準状態（0℃・1013hPa）では気体の種類に関係なく1molあたりの体積は22.4Lで同体積ですので誤りです。⑤の水分子の質量は、まず分子量を計算すると 1(Hの原子量)$\times 2 + 16$(Oの原子量)$\times 1 = 18$ となります。水分子が 6.0×10^{23} 個つまり1molあたりの質量(モル質量)はこの分子量にgをつけたものと同等で18gとなります。したがって、正解は⑤です。

解答番号【14】：5 ⇒ 重要度A

問3　塩化ナトリウムの分子量は、ナトリウムの原子量＋塩素原子量＝ $23+35.5 = 58.5$ となります。これより1molあたりの塩化ナトリウムの質量は58.5gとなります。この問題では、塩化ナトリウム水溶液1Lあたり0.10molの塩化ナトリウムが解けているので、$58.5g \times 0.1 = 5.85g$ の塩化ナトリウムが解けていることが分かります。よって、アは正しい内容です。1molの定義は物質 6.0×10^{23} 個の集まりをいいます。これは、原子・イオン・分子でも同じです。ここでは、0.10mol/Lとあるので、塩化物イオンの個数は、6.0×10^{23} 個 $\times 0.1 = 6.0 \times 10^{22}$ 個となります。よって、イは誤りです。1.0Lの塩化ナトリウム水溶液は、1Lのメスフラスコに5.85gの塩化ナトリウムを入れて、それに水を加えて1Lにして作ります。塩化ナトリウム水溶液＝水（溶媒）＋塩化ナトリウム（溶質）です。よって、ウは、「水（溶媒）1.0Lに塩化ナトリウムを溶かしてつくる。」という部分が誤りです。したがって、正解は②です。

解答番号【15】：2 ⇒ 重要度B

問4 物質量を求めて化学反応式の係数比が物質量の比という事から量的関係を求めることもできますが（水素と塩素の原子量が必要になります）、ここでは物質量の計算をせずに解答を考えていきます。初めの実験で「反応が終了した」と言う文言がある事からマグネシウムリボン 0.24g 塩酸 20mL で水素≒ 200mL を発生し、過不足なく反応した事が分かります。反応物のどれかの物質量が半分になれば、反応式の中で不足する物質が基準となり、ほかの物質の反応量も半分になります。第二の実験で、マグネシウムリボンを第一の実験の半分 0.12g にしています。これより過不足なく反応する塩酸の最大値は 20mL ÷ 2 ＝ 10mL となります。発生する水素も、200mL ÷ 2 ＝ 100mL となります。加えた塩酸 10mL までは第一の実験と同じ傾きのグラフになります。この後、10mL 以上塩酸を入れても、反応するマグネシウムがないため反応が進みません。よって、塩酸 10mL 以上で、水素の発生量に変化がない、横軸に平行なグラフとなります。したがって、③が正解です。

解答番号【16】：3 ⇒ 重要度C

5

問1 酸と塩基が反応して、その性質を打ち消し合う変化を中和（中和反応）といいます。Aは中和が入ります。電離度が 1 に近いものを強酸・強塩基、そして電離度が 1 より小さいものを弱酸・弱塩基といいます。強酸と強塩基を混ぜ合わせてできる正塩の水溶液は中性になります。反応により中性の塩の水溶液ができているため、Bは強塩基となります。したがって、正解は②です。

解答番号【17】：2 ⇒ 重要度A

問2 水素イオン濃度 $[H^+]$ は、酸性＞塩基性という関係があります。よって、塩基性の物質①酢酸 CH_3COOH、④アンモニア NH_3、⑤水酸化カリウム KOH の水素イオン濃度は、②塩化水素 HCl、③硫酸 H_2SO_4 より小さくなります。塩化水素・硫酸は共に強酸のため電離度≒ 1 です。問題文よりモル濃度は 0.1mol です。価数とは化学式中の水素イオン H^+ になることができる H の数をいいます。塩化水素 HCl は 1、硫酸 H_2SO_4 は 2 となります。よって、水素イオン濃度 $[H^+]$ ＝酸の価数×酸のモル濃度×酸の電離度より、塩化水素 $[H^+]$ ＝ 1 × 0.1 × 1、硫酸の水素イオン濃度 $[H^+]$ ＝ 2 × 0.1 × 1 となり、硫酸の方が大きいことが分かります。したがって、正解は③です。

解答番号【18】：3 ⇒ 重要度B

問3 化学式中の酸化数とは、その原子が他の原子とやり取りした電荷の数を表しています。イオン化、酸化・還元される物質の酸化数が増減するという事を知っていれば、酸化数を数えずに酸化剤の半反応式中の水素原子 H の酸化数をきいている④が正解と判断することができます。③は酸化の反応式、それ以外は、酸化剤・還元剤の半反応式です。酸化数の計算は次の通りです。①について、反応前の Cl_2 は分子のため酸化数は 0 です。反応後の Cl^- はイオンのため酸化数はイオンの電荷に等しく－ 1 です。よって酸化数は減少しています。②は、Na は原子のため酸化数は 0 です。反応後の Na^+ はイオンのため＋ 1 となり酸化数は増加しています。③の反応前の C は原子のため酸化数 0 です。反応後の O の酸化数は－ 2、C の酸化数は＋ 4 となります。よって C の酸化数は増加しています。

④は、反応前の H^+ はイオンのため電荷に等しく酸化数は＋1です。反応後の H_2O の H の酸化数は＋1です。よって酸化数は変化しません。ちなみに、半反応式の中で、酸化数が減っていれば酸化剤です。Mn の酸化数は＋7→＋2と変化しているので、この式の中で MnO_4^- が酸化剤と分かります。⑤は、左辺の過酸化水素 H_2O_2 は、O-O の共有電子対は同じ原子であり電気陰性度の差がないため酸素 O の酸化数は－2ではなく－1となります。右辺 O_2 は、原子のため酸化数は0となります。よって酸化数は増加します。過酸化物の酸化数は酸化数の数え方の例外として覚えておきましょう。したがって、正解は④です。

解答番号【19】：4　　⇒ **重要度 B**

問4　水溶液中で、金属が陽イオンになろうとする性質を金属のイオン化傾向といいます。まず、アの硝酸銀水溶液に金属をいれた場合を考えます。金属のイオン化傾向が銀 Ag のイオン化傾向より大きい場合、その金属がイオン化され電子を放出します。その電子を銀イオンが受け取り Ag が析出します。金属 Z は Ag が析出しなかったことより、Ag よりイオン化傾向が小さい事が分かります。よって、イオン化傾向は X・Y＞銀 Ag＞Z という関係にあることが分かります。次にイの硫酸銅（Ⅱ）水溶液に金属を入れた場合、銅 Cu よりイオン化傾向が大きいと金属がイオン化され Cu が析出します。よって、イオン化傾向は X＞銅 Cu＞Y という関係にあります。ウの硫酸亜鉛水溶液に入れて、X、Y、Z の金属に変化が見られなかったということより、イオン化傾向は亜鉛 Zn＞金属 XYZ という事が分かります。以上をまとめると、イオン化傾向は、X＞Y＞Z という大小関係にあることが分かります。したがって、①が正解です。

解答番号【20】：1　　⇒ **重要度 A**

第　回　高等学校卒業程度認定試験

化学基礎　解答用紙

氏名 [　　　　　]

生年月日 ⇒

年号				
明治 (M)	⓪①②③④⑤⑥⑦⑧⑨			
大正 (T)	⓪①②③			
昭和 (S)	⓪①②③④⑤⑥⑦⑧⑨			
平成 (H)	⓪①			
	①②③④⑤⑥⑦⑧⑨			
	⓪①②③④⑤⑥⑦⑧⑨			

受験番号 ⇒

⓪①②③④⑤⑥⑦⑧⑨				
⓪①②③④⑤⑥⑦⑧⑨				
⓪①②③④⑤⑥⑦⑧⑨				
①②③④⑤⑥⑦⑧⑨				
①				

解答欄 1〜15

解答番号	1	2	3	4	5	6	7	8	9	0
1	①	②	③	④	⑤	⑥	⑦	⑧	⑨	⓪
2	①	②	③	④	⑤	⑥	⑦	⑧	⑨	⓪
3	①	②	③	④	⑤	⑥	⑦	⑧	⑨	⓪
4	①	②	③	④	⑤	⑥	⑦	⑧	⑨	⓪
5	①	②	③	④	⑤	⑥	⑦	⑧	⑨	⓪
6	①	②	③	④	⑤	⑥	⑦	⑧	⑨	⓪
7	①	②	③	④	⑤	⑥	⑦	⑧	⑨	⓪
8	①	②	③	④	⑤	⑥	⑦	⑧	⑨	⓪
9	①	②	③	④	⑤	⑥	⑦	⑧	⑨	⓪
10	①	②	③	④	⑤	⑥	⑦	⑧	⑨	⓪
11	①	②	③	④	⑤	⑥	⑦	⑧	⑨	⓪
12	①	②	③	④	⑤	⑥	⑦	⑧	⑨	⓪
13	①	②	③	④	⑤	⑥	⑦	⑧	⑨	⓪
14	①	②	③	④	⑤	⑥	⑦	⑧	⑨	⓪
15	①	②	③	④	⑤	⑥	⑦	⑧	⑨	⓪

解答欄 16〜30

解答番号	1	2	3	4	5	6	7	8	9	0
16	①	②	③	④	⑤	⑥	⑦	⑧	⑨	⓪
17	①	②	③	④	⑤	⑥	⑦	⑧	⑨	⓪
18	①	②	③	④	⑤	⑥	⑦	⑧	⑨	⓪
19	①	②	③	④	⑤	⑥	⑦	⑧	⑨	⓪
20	①	②	③	④	⑤	⑥	⑦	⑧	⑨	⓪
21	①	②	③	④	⑤	⑥	⑦	⑧	⑨	⓪
22	①	②	③	④	⑤	⑥	⑦	⑧	⑨	⓪
23	①	②	③	④	⑤	⑥	⑦	⑧	⑨	⓪
24	①	②	③	④	⑤	⑥	⑦	⑧	⑨	⓪
25	①	②	③	④	⑤	⑥	⑦	⑧	⑨	⓪
26	①	②	③	④	⑤	⑥	⑦	⑧	⑨	⓪
27	①	②	③	④	⑤	⑥	⑦	⑧	⑨	⓪
28	①	②	③	④	⑤	⑥	⑦	⑧	⑨	⓪
29	①	②	③	④	⑤	⑥	⑦	⑧	⑨	⓪
30	①	②	③	④	⑤	⑥	⑦	⑧	⑨	⓪

解答欄 31〜45

解答番号	1	2	3	4	5	6	7	8	9	0
31	①	②	③	④	⑤	⑥	⑦	⑧	⑨	⓪
32	①	②	③	④	⑤	⑥	⑦	⑧	⑨	⓪
33	①	②	③	④	⑤	⑥	⑦	⑧	⑨	⓪
34	①	②	③	④	⑤	⑥	⑦	⑧	⑨	⓪
35	①	②	③	④	⑤	⑥	⑦	⑧	⑨	⓪
36	①	②	③	④	⑤	⑥	⑦	⑧	⑨	⓪
37	①	②	③	④	⑤	⑥	⑦	⑧	⑨	⓪
38	①	②	③	④	⑤	⑥	⑦	⑧	⑨	⓪
39	①	②	③	④	⑤	⑥	⑦	⑧	⑨	⓪
40	①	②	③	④	⑤	⑥	⑦	⑧	⑨	⓪
41	①	②	③	④	⑤	⑥	⑦	⑧	⑨	⓪
42	①	②	③	④	⑤	⑥	⑦	⑧	⑨	⓪
43	①	②	③	④	⑤	⑥	⑦	⑧	⑨	⓪
44	①	②	③	④	⑤	⑥	⑦	⑧	⑨	⓪
45	①	②	③	④	⑤	⑥	⑦	⑧	⑨	⓪

受験地

北海道 ○	滋賀 ○		
青森 ○	京都 ○		
岩手 ○	大阪 ○		
宮城 ○	兵庫 ○		
秋田 ○	奈良 ○		
山形 ○	和歌山 ○		
福島 ○	鳥取 ○		
茨城 ○	島根 ○		
栃木 ○	岡山 ○		
群馬 ○	広島 ○		
埼玉 ○	山口 ○		
千葉 ○	徳島 ○		
東京 ○	香川 ○		
神奈川 ○	愛媛 ○		
新潟 ○	高知 ○		
富山 ○	福岡 ○		
石川 ○	佐賀 ○		
福井 ○	長崎 ○		
山梨 ○	熊本 ○		
長野 ○	大分 ○		
岐阜 ○	宮崎 ○		
静岡 ○	鹿児島 ○		
愛知 ○	沖縄 ○		
三重 ○			

キリトリ線

第　回　高等学校卒業程度認定試験

化学基礎　解答用紙

氏　名

（注意事項）
1. 記入はすべてHBまたはHBの黒色鉛筆を使用してください。
2. 訂正するときは、プラスチックの消しゴムで丁寧に消し、消しくずを残さないでください。
3. 所定の記入欄以外には何も記入しないでください。
4. 解答用紙を汚したり、折り曲げたりしないでください。
5. マーク例

良い例	悪い例
●	◓ ◑ ◒ ◐ ○

受験番号 ⇒

生年月日 ⇒

年号		
明治（M）		
大正（T）		
昭和（S）		
平成（H）		

受験地		受験地	
北海道	○	滋賀	○
青森	○	京都	○
岩手	○	大阪	○
宮城	○	兵庫	○
秋田	○	奈良	○
山形	○	和歌山	○
福島	○	鳥取	○
茨城	○	島根	○
栃木	○	岡山	○
群馬	○	広島	○
埼玉	○	山口	○
千葉	○	徳島	○
東京	○	香川	○
神奈川	○	愛媛	○
新潟	○	高知	○
富山	○	福岡	○
石川	○	佐賀	○
福井	○	長崎	○
山梨	○	熊本	○
長野	○	大分	○
岐阜	○	宮崎	○
静岡	○	鹿児島	○
愛知	○	沖縄	○
三重	○		

解答番号	解答欄 1234567890
1	①②③④⑤⑥⑦⑧⑨⑩
2	①②③④⑤⑥⑦⑧⑨⑩
3	①②③④⑤⑥⑦⑧⑨⑩
4	①②③④⑤⑥⑦⑧⑨⑩
5	①②③④⑤⑥⑦⑧⑨⑩
6	①②③④⑤⑥⑦⑧⑨⑩
7	①②③④⑤⑥⑦⑧⑨⑩
8	①②③④⑤⑥⑦⑧⑨⑩
9	①②③④⑤⑥⑦⑧⑨⑩
10	①②③④⑤⑥⑦⑧⑨⑩
11	①②③④⑤⑥⑦⑧⑨⑩
12	①②③④⑤⑥⑦⑧⑨⑩
13	①②③④⑤⑥⑦⑧⑨⑩
14	①②③④⑤⑥⑦⑧⑨⑩
15	①②③④⑤⑥⑦⑧⑨⑩

解答番号	解答欄 1234567890
16	①②③④⑤⑥⑦⑧⑨⑩
17	①②③④⑤⑥⑦⑧⑨⑩
18	①②③④⑤⑥⑦⑧⑨⑩
19	①②③④⑤⑥⑦⑧⑨⑩
20	①②③④⑤⑥⑦⑧⑨⑩
21	①②③④⑤⑥⑦⑧⑨⑩
22	①②③④⑤⑥⑦⑧⑨⑩
23	①②③④⑤⑥⑦⑧⑨⑩
24	①②③④⑤⑥⑦⑧⑨⑩
25	①②③④⑤⑥⑦⑧⑨⑩
26	①②③④⑤⑥⑦⑧⑨⑩
27	①②③④⑤⑥⑦⑧⑨⑩
28	①②③④⑤⑥⑦⑧⑨⑩
29	①②③④⑤⑥⑦⑧⑨⑩
30	①②③④⑤⑥⑦⑧⑨⑩

解答番号	解答欄 1234567890
31	①②③④⑤⑥⑦⑧⑨⑩
32	①②③④⑤⑥⑦⑧⑨⑩
33	①②③④⑤⑥⑦⑧⑨⑩
34	①②③④⑤⑥⑦⑧⑨⑩
35	①②③④⑤⑥⑦⑧⑨⑩
36	①②③④⑤⑥⑦⑧⑨⑩
37	①②③④⑤⑥⑦⑧⑨⑩
38	①②③④⑤⑥⑦⑧⑨⑩
39	①②③④⑤⑥⑦⑧⑨⑩
40	①②③④⑤⑥⑦⑧⑨⑩
41	①②③④⑤⑥⑦⑧⑨⑩
42	①②③④⑤⑥⑦⑧⑨⑩
43	①②③④⑤⑥⑦⑧⑨⑩
44	①②③④⑤⑥⑦⑧⑨⑩
45	①②③④⑤⑥⑦⑧⑨⑩

第　回　高等学校卒業程度認定試験

化学基礎　解答用紙

氏　名

（注意事項）
1. 記入はすべてHBまたはHBの黒色鉛筆を使用してください。
2. 訂正するときは、プラスチックの消しゴムで丁寧に消し、消しくずを残さないでください。
3. 所定の記入欄以外には何も記入しないでください。
4. 解答用紙を汚したり、折り曲げたりしないでください。
5. マーク例　　良い例　●　　悪い例　◐ ◑ ◖ ◗ ◍ ⦿ ⊘

生年月日

年号		
明治 (M)		
大正 (T)		
昭和 (S)		
平成 (H)		

生年月日 ⇒

受験番号 ⇒

受験地

北海道 ○	滋賀 ○	
青森 ○	京都 ○	
岩手 ○	大阪 ○	
宮城 ○	兵庫 ○	
秋田 ○	奈良 ○	
山形 ○	和歌山 ○	
福島 ○	鳥取 ○	
茨城 ○	島根 ○	
栃木 ○	岡山 ○	
群馬 ○	広島 ○	
埼玉 ○	山口 ○	
千葉 ○	徳島 ○	
東京 ○	香川 ○	
神奈川 ○	愛媛 ○	
新潟 ○	高知 ○	
富山 ○	福岡 ○	
石川 ○	佐賀 ○	
福井 ○	長崎 ○	
山梨 ○	熊本 ○	
長野 ○	大分 ○	
岐阜 ○	宮崎 ○	
静岡 ○	鹿児島 ○	
愛知 ○	沖縄 ○	
三重 ○		

解答欄

解答番号	解答欄 1234567890
1	①②③④⑤⑥⑦⑧⑨⑩
2	①②③④⑤⑥⑦⑧⑨⑩
3	①②③④⑤⑥⑦⑧⑨⑩
4	①②③④⑤⑥⑦⑧⑨⑩
5	①②③④⑤⑥⑦⑧⑨⑩
6	①②③④⑤⑥⑦⑧⑨⑩
7	①②③④⑤⑥⑦⑧⑨⑩
8	①②③④⑤⑥⑦⑧⑨⑩
9	①②③④⑤⑥⑦⑧⑨⑩
10	①②③④⑤⑥⑦⑧⑨⑩
11	①②③④⑤⑥⑦⑧⑨⑩
12	①②③④⑤⑥⑦⑧⑨⑩
13	①②③④⑤⑥⑦⑧⑨⑩
14	①②③④⑤⑥⑦⑧⑨⑩
15	①②③④⑤⑥⑦⑧⑨⑩

解答番号	解答欄 1234567890
16	①②③④⑤⑥⑦⑧⑨⑩
17	①②③④⑤⑥⑦⑧⑨⑩
18	①②③④⑤⑥⑦⑧⑨⑩
19	①②③④⑤⑥⑦⑧⑨⑩
20	①②③④⑤⑥⑦⑧⑨⑩
21	①②③④⑤⑥⑦⑧⑨⑩
22	①②③④⑤⑥⑦⑧⑨⑩
23	①②③④⑤⑥⑦⑧⑨⑩
24	①②③④⑤⑥⑦⑧⑨⑩
25	①②③④⑤⑥⑦⑧⑨⑩
26	①②③④⑤⑥⑦⑧⑨⑩
27	①②③④⑤⑥⑦⑧⑨⑩
28	①②③④⑤⑥⑦⑧⑨⑩
29	①②③④⑤⑥⑦⑧⑨⑩
30	①②③④⑤⑥⑦⑧⑨⑩

解答番号	解答欄 1234567890
31	①②③④⑤⑥⑦⑧⑨⑩
32	①②③④⑤⑥⑦⑧⑨⑩
33	①②③④⑤⑥⑦⑧⑨⑩
34	①②③④⑤⑥⑦⑧⑨⑩
35	①②③④⑤⑥⑦⑧⑨⑩
36	①②③④⑤⑥⑦⑧⑨⑩
37	①②③④⑤⑥⑦⑧⑨⑩
38	①②③④⑤⑥⑦⑧⑨⑩
39	①②③④⑤⑥⑦⑧⑨⑩
40	①②③④⑤⑥⑦⑧⑨⑩
41	①②③④⑤⑥⑦⑧⑨⑩
42	①②③④⑤⑥⑦⑧⑨⑩
43	①②③④⑤⑥⑦⑧⑨⑩
44	①②③④⑤⑥⑦⑧⑨⑩
45	①②③④⑤⑥⑦⑧⑨⑩

第　回　高等学校卒業程度認定試験

化学基礎　解答用紙

氏名

（注意事項）
1. 記入はすべてHBまたはHBの黒色鉛筆を使用してください。
2. 訂正するときは、プラスチックの消しゴムで丁寧に消し、消しくずを残さないでください。
3. 所定の記入欄以外には何も記入しないでください。
4. 解答用紙を汚したり、折り曲げたりしないでください。
5. マーク例

良い例	悪い例
●	⊖ ⦿ ⊙ ○ ⊘

受験番号 ⇒

生年月日 ⇒

年号	
明治（M） 大正（T） 昭和（S） 平成（H）	

受験地

北海道 ○	滋賀 ○
青森 ○	京都 ○
岩手 ○	大阪 ○
宮城 ○	兵庫 ○
秋田 ○	奈良 ○
山形 ○	和歌山 ○
福島 ○	鳥取 ○
茨城 ○	島根 ○
栃木 ○	岡山 ○
群馬 ○	広島 ○
埼玉 ○	山口 ○
千葉 ○	徳島 ○
東京 ○	香川 ○
神奈川 ○	愛媛 ○
新潟 ○	高知 ○
富山 ○	福岡 ○
石川 ○	佐賀 ○
福井 ○	長崎 ○
山梨 ○	熊本 ○
長野 ○	大分 ○
岐阜 ○	宮崎 ○
静岡 ○	鹿児島 ○
愛知 ○	沖縄 ○
三重 ○	

解答欄

解答番号	解答欄 1 2 3 4 5 6 7 8 9 0
1	① ② ③ ④ ⑤ ⑥ ⑦ ⑧ ⑨ ⑩
2	① ② ③ ④ ⑤ ⑥ ⑦ ⑧ ⑨ ⑩
3	① ② ③ ④ ⑤ ⑥ ⑦ ⑧ ⑨ ⑩
4	① ② ③ ④ ⑤ ⑥ ⑦ ⑧ ⑨ ⑩
5	① ② ③ ④ ⑤ ⑥ ⑦ ⑧ ⑨ ⑩
6	① ② ③ ④ ⑤ ⑥ ⑦ ⑧ ⑨ ⑩
7	① ② ③ ④ ⑤ ⑥ ⑦ ⑧ ⑨ ⑩
8	① ② ③ ④ ⑤ ⑥ ⑦ ⑧ ⑨ ⑩
9	① ② ③ ④ ⑤ ⑥ ⑦ ⑧ ⑨ ⑩
10	① ② ③ ④ ⑤ ⑥ ⑦ ⑧ ⑨ ⑩
11	① ② ③ ④ ⑤ ⑥ ⑦ ⑧ ⑨ ⑩
12	① ② ③ ④ ⑤ ⑥ ⑦ ⑧ ⑨ ⑩
13	① ② ③ ④ ⑤ ⑥ ⑦ ⑧ ⑨ ⑩
14	① ② ③ ④ ⑤ ⑥ ⑦ ⑧ ⑨ ⑩
15	① ② ③ ④ ⑤ ⑥ ⑦ ⑧ ⑨ ⑩

解答番号	解答欄 1 2 3 4 5 6 7 8 9 0
16	① ② ③ ④ ⑤ ⑥ ⑦ ⑧ ⑨ ⑩
17	① ② ③ ④ ⑤ ⑥ ⑦ ⑧ ⑨ ⑩
18	① ② ③ ④ ⑤ ⑥ ⑦ ⑧ ⑨ ⑩
19	① ② ③ ④ ⑤ ⑥ ⑦ ⑧ ⑨ ⑩
20	① ② ③ ④ ⑤ ⑥ ⑦ ⑧ ⑨ ⑩
21	① ② ③ ④ ⑤ ⑥ ⑦ ⑧ ⑨ ⑩
22	① ② ③ ④ ⑤ ⑥ ⑦ ⑧ ⑨ ⑩
23	① ② ③ ④ ⑤ ⑥ ⑦ ⑧ ⑨ ⑩
24	① ② ③ ④ ⑤ ⑥ ⑦ ⑧ ⑨ ⑩
25	① ② ③ ④ ⑤ ⑥ ⑦ ⑧ ⑨ ⑩
26	① ② ③ ④ ⑤ ⑥ ⑦ ⑧ ⑨ ⑩
27	① ② ③ ④ ⑤ ⑥ ⑦ ⑧ ⑨ ⑩
28	① ② ③ ④ ⑤ ⑥ ⑦ ⑧ ⑨ ⑩
29	① ② ③ ④ ⑤ ⑥ ⑦ ⑧ ⑨ ⑩
30	① ② ③ ④ ⑤ ⑥ ⑦ ⑧ ⑨ ⑩

解答番号	解答欄 1 2 3 4 5 6 7 8 9 0
31	① ② ③ ④ ⑤ ⑥ ⑦ ⑧ ⑨ ⑩
32	① ② ③ ④ ⑤ ⑥ ⑦ ⑧ ⑨ ⑩
33	① ② ③ ④ ⑤ ⑥ ⑦ ⑧ ⑨ ⑩
34	① ② ③ ④ ⑤ ⑥ ⑦ ⑧ ⑨ ⑩
35	① ② ③ ④ ⑤ ⑥ ⑦ ⑧ ⑨ ⑩
36	① ② ③ ④ ⑤ ⑥ ⑦ ⑧ ⑨ ⑩
37	① ② ③ ④ ⑤ ⑥ ⑦ ⑧ ⑨ ⑩
38	① ② ③ ④ ⑤ ⑥ ⑦ ⑧ ⑨ ⑩
39	① ② ③ ④ ⑤ ⑥ ⑦ ⑧ ⑨ ⑩
40	① ② ③ ④ ⑤ ⑥ ⑦ ⑧ ⑨ ⑩
41	① ② ③ ④ ⑤ ⑥ ⑦ ⑧ ⑨ ⑩
42	① ② ③ ④ ⑤ ⑥ ⑦ ⑧ ⑨ ⑩
43	① ② ③ ④ ⑤ ⑥ ⑦ ⑧ ⑨ ⑩
44	① ② ③ ④ ⑤ ⑥ ⑦ ⑧ ⑨ ⑩
45	① ② ③ ④ ⑤ ⑥ ⑦ ⑧ ⑨ ⑩

キ リ ト リ 線

第　回　高等学校卒業程度認定試験

化学基礎　解答用紙

氏名

（注意事項）

1. 記入はすべてHBまたはHBの黒色鉛筆を使用してください。
2. 訂正するときは、プラスチックの消しゴムで丁寧に消し、消しくずを残さないでください。
3. 所定の記入欄以外には何も記入しないでください。
4. 解答用紙を汚したり、折り曲げたりしないでください。
5. マーク例　良い例 ●　悪い例 ◐ ◖ ◍ ◌ ⬤ ⬮ ⬯

受験地

受	験	地
北海道 ○	滋賀 ○	
青森 ○	京都 ○	
岩手 ○	大阪 ○	
宮城 ○	兵庫 ○	
秋田 ○	奈良 ○	
山形 ○	和歌山 ○	
福島 ○	鳥取 ○	
茨城 ○	島根 ○	
栃木 ○	岡山 ○	
群馬 ○	広島 ○	
埼玉 ○	山口 ○	
千葉 ○	徳島 ○	
東京 ○	香川 ○	
神奈川 ○	愛媛 ○	
新潟 ○	高知 ○	
富山 ○	福岡 ○	
石川 ○	佐賀 ○	
福井 ○	長崎 ○	
山梨 ○	熊本 ○	
長野 ○	大分 ○	
岐阜 ○	宮崎 ○	
静岡 ○	鹿児島 ○	
愛知 ○	沖縄 ○	
三重 ○		

生年月日

年号	
明治 Ⓜ	
大正 Ⓣ	
昭和 Ⓢ	
平成 Ⓗ	

受験番号

解答欄（解答番号 1〜15）

解答番号	解答欄 1 2 3 4 5 6 7 8 9 0
1	① ② ③ ④ ⑤ ⑥ ⑦ ⑧ ⑨ ⑩
2	① ② ③ ④ ⑤ ⑥ ⑦ ⑧ ⑨ ⑩
3	① ② ③ ④ ⑤ ⑥ ⑦ ⑧ ⑨ ⑩
4	① ② ③ ④ ⑤ ⑥ ⑦ ⑧ ⑨ ⑩
5	① ② ③ ④ ⑤ ⑥ ⑦ ⑧ ⑨ ⑩
6	① ② ③ ④ ⑤ ⑥ ⑦ ⑧ ⑨ ⑩
7	① ② ③ ④ ⑤ ⑥ ⑦ ⑧ ⑨ ⑩
8	① ② ③ ④ ⑤ ⑥ ⑦ ⑧ ⑨ ⑩
9	① ② ③ ④ ⑤ ⑥ ⑦ ⑧ ⑨ ⑩
10	① ② ③ ④ ⑤ ⑥ ⑦ ⑧ ⑨ ⑩
11	① ② ③ ④ ⑤ ⑥ ⑦ ⑧ ⑨ ⑩
12	① ② ③ ④ ⑤ ⑥ ⑦ ⑧ ⑨ ⑩
13	① ② ③ ④ ⑤ ⑥ ⑦ ⑧ ⑨ ⑩
14	① ② ③ ④ ⑤ ⑥ ⑦ ⑧ ⑨ ⑩
15	① ② ③ ④ ⑤ ⑥ ⑦ ⑧ ⑨ ⑩

解答欄（解答番号 16〜30）

解答番号	解答欄 1 2 3 4 5 6 7 8 9 0
16	① ② ③ ④ ⑤ ⑥ ⑦ ⑧ ⑨ ⑩
17	① ② ③ ④ ⑤ ⑥ ⑦ ⑧ ⑨ ⑩
18	① ② ③ ④ ⑤ ⑥ ⑦ ⑧ ⑨ ⑩
19	① ② ③ ④ ⑤ ⑥ ⑦ ⑧ ⑨ ⑩
20	① ② ③ ④ ⑤ ⑥ ⑦ ⑧ ⑨ ⑩
21	① ② ③ ④ ⑤ ⑥ ⑦ ⑧ ⑨ ⑩
22	① ② ③ ④ ⑤ ⑥ ⑦ ⑧ ⑨ ⑩
23	① ② ③ ④ ⑤ ⑥ ⑦ ⑧ ⑨ ⑩
24	① ② ③ ④ ⑤ ⑥ ⑦ ⑧ ⑨ ⑩
25	① ② ③ ④ ⑤ ⑥ ⑦ ⑧ ⑨ ⑩
26	① ② ③ ④ ⑤ ⑥ ⑦ ⑧ ⑨ ⑩
27	① ② ③ ④ ⑤ ⑥ ⑦ ⑧ ⑨ ⑩
28	① ② ③ ④ ⑤ ⑥ ⑦ ⑧ ⑨ ⑩
29	① ② ③ ④ ⑤ ⑥ ⑦ ⑧ ⑨ ⑩
30	① ② ③ ④ ⑤ ⑥ ⑦ ⑧ ⑨ ⑩

解答欄（解答番号 31〜45）

解答番号	解答欄 1 2 3 4 5 6 7 8 9 0
31	① ② ③ ④ ⑤ ⑥ ⑦ ⑧ ⑨ ⑩
32	① ② ③ ④ ⑤ ⑥ ⑦ ⑧ ⑨ ⑩
33	① ② ③ ④ ⑤ ⑥ ⑦ ⑧ ⑨ ⑩
34	① ② ③ ④ ⑤ ⑥ ⑦ ⑧ ⑨ ⑩
35	① ② ③ ④ ⑤ ⑥ ⑦ ⑧ ⑨ ⑩
36	① ② ③ ④ ⑤ ⑥ ⑦ ⑧ ⑨ ⑩
37	① ② ③ ④ ⑤ ⑥ ⑦ ⑧ ⑨ ⑩
38	① ② ③ ④ ⑤ ⑥ ⑦ ⑧ ⑨ ⑩
39	① ② ③ ④ ⑤ ⑥ ⑦ ⑧ ⑨ ⑩
40	① ② ③ ④ ⑤ ⑥ ⑦ ⑧ ⑨ ⑩
41	① ② ③ ④ ⑤ ⑥ ⑦ ⑧ ⑨ ⑩
42	① ② ③ ④ ⑤ ⑥ ⑦ ⑧ ⑨ ⑩
43	① ② ③ ④ ⑤ ⑥ ⑦ ⑧ ⑨ ⑩
44	① ② ③ ④ ⑤ ⑥ ⑦ ⑧ ⑨ ⑩
45	① ② ③ ④ ⑤ ⑥ ⑦ ⑧ ⑨ ⑩

キリトリ線

第　回　高等学校卒業程度認定試験

化学基礎　解答用紙

氏名

（注意事項）
1. 記入はすべてHBまたはHBの黒色鉛筆を使用してください。
2. 訂正するときは、プラスチックの消しゴムで丁寧に消し、消しくずを残さないでください。
3. 所定の記入欄以外には何も記入しないでください。
4. 解答用紙を汚したり、折り曲げたりしないでください。
5. マーク例

良い例　●

悪い例　◐ ◉ ◍ ⊖ ◒

受験地		受験地	
北海道	○	滋賀	○
青森	○	京都	○
岩手	○	大阪	○
宮城	○	兵庫	○
秋田	○	奈良	○
山形	○	和歌山	○
福島	○	鳥取	○
茨城	○	島根	○
栃木	○	岡山	○
群馬	○	広島	○
埼玉	○	山口	○
千葉	○	徳島	○
東京	○	香川	○
神奈川	○	愛媛	○
新潟	○	高知	○
富山	○	福岡	○
石川	○	佐賀	○
福井	○	長崎	○
山梨	○	熊本	○
長野	○	大分	○
岐阜	○	宮崎	○
静岡	○	鹿児島	○
愛知	○	沖縄	○
三重	○		

受験番号 ⇒

解答番号	解答欄 1 2 3 4 5 6 7 8 9 0
1	①②③④⑤⑥⑦⑧⑨⑩
2	①②③④⑤⑥⑦⑧⑨⑩
3	①②③④⑤⑥⑦⑧⑨⑩
4	①②③④⑤⑥⑦⑧⑨⑩
5	①②③④⑤⑥⑦⑧⑨⑩
6	①②③④⑤⑥⑦⑧⑨⑩
7	①②③④⑤⑥⑦⑧⑨⑩
8	①②③④⑤⑥⑦⑧⑨⑩
9	①②③④⑤⑥⑦⑧⑨⑩
10	①②③④⑤⑥⑦⑧⑨⑩
11	①②③④⑤⑥⑦⑧⑨⑩
12	①②③④⑤⑥⑦⑧⑨⑩
13	①②③④⑤⑥⑦⑧⑨⑩
14	①②③④⑤⑥⑦⑧⑨⑩
15	①②③④⑤⑥⑦⑧⑨⑩

解答番号	解答欄 1 2 3 4 5 6 7 8 9 0
16	①②③④⑤⑥⑦⑧⑨⑩
17	①②③④⑤⑥⑦⑧⑨⑩
18	①②③④⑤⑥⑦⑧⑨⑩
19	①②③④⑤⑥⑦⑧⑨⑩
20	①②③④⑤⑥⑦⑧⑨⑩
21	①②③④⑤⑥⑦⑧⑨⑩
22	①②③④⑤⑥⑦⑧⑨⑩
23	①②③④⑤⑥⑦⑧⑨⑩
24	①②③④⑤⑥⑦⑧⑨⑩
25	①②③④⑤⑥⑦⑧⑨⑩
26	①②③④⑤⑥⑦⑧⑨⑩
27	①②③④⑤⑥⑦⑧⑨⑩
28	①②③④⑤⑥⑦⑧⑨⑩
29	①②③④⑤⑥⑦⑧⑨⑩
30	①②③④⑤⑥⑦⑧⑨⑩

解答番号	解答欄 1 2 3 4 5 6 7 8 9 0
31	①②③④⑤⑥⑦⑧⑨⑩
32	①②③④⑤⑥⑦⑧⑨⑩
33	①②③④⑤⑥⑦⑧⑨⑩
34	①②③④⑤⑥⑦⑧⑨⑩
35	①②③④⑤⑥⑦⑧⑨⑩
36	①②③④⑤⑥⑦⑧⑨⑩
37	①②③④⑤⑥⑦⑧⑨⑩
38	①②③④⑤⑥⑦⑧⑨⑩
39	①②③④⑤⑥⑦⑧⑨⑩
40	①②③④⑤⑥⑦⑧⑨⑩
41	①②③④⑤⑥⑦⑧⑨⑩
42	①②③④⑤⑥⑦⑧⑨⑩
43	①②③④⑤⑥⑦⑧⑨⑩
44	①②③④⑤⑥⑦⑧⑨⑩
45	①②③④⑤⑥⑦⑧⑨⑩

受験番号 ⇒

生年月日 ⇒

年号	明治（M）大正（T）昭和（S）平成（H）